지금
우리에게,
맹자

딱치책 006

혼돈의 시대를 건너는
단단한 마음

지금
우리에게,
맹자

임자헌 씀

단비

들어가는 말

한문, 동양 고전, 논어·맹자, 사서삼경… 참 멀게 느껴지는 단어들이다. 요즘도 이런 걸 공부하는 사람이 있어? 나 역시 그렇게 생각하던 사람 중 하나였다. 처음 한문을 배우기 시작한 것은 대학원 진학을 위해 제2외국어 시험을 대비하기 위해서였다. 그저 필요에 의한 선택이었고, 한문학과가 있는 대학이 있다는 것도 모를 정도였다. 그랬던 내가 한문으로 진로를 바꾸고 한문 번역까지 하게 된 것은 8할이 《맹자》 덕분이다.

따로 문법이 없는 한문에서 문법책 역할을 하는 게 《맹자》

이다. 하여 입시를 위해 한문을 배우고 있던 나에게 《맹자》는 필독서였다. 그러나 그저 한문의 구조를 익히기 위해 펼쳐 든 책, 《맹자》에서 나는 위대한 사상가, 여전히 살아 있는 사람, 맹자를 만나고 말았다. 까마득한 옛날에 살았고, 그래서 죽은 것조차 너무 오래되어, 낡은 것도 지쳐 이제는 다 사라져 버린 줄 알았는데, 그는 여전히 살아 있었고 활기찼다. 부패한 세상을 향해 우렁찬 소리로 한바탕 크게 꾸짖는가 싶더니 여전히 싱그럽고 눈부신 자신의 꿈을 희망찬 목소리로 신나게 펼쳐 보였다. 두근거리는 가슴을 안고 울고 웃으며 그에게 빠져들었다.

맹자는 중국 전국시대(戰國時代)라는 전쟁이 일상인 시대를 살았던 사람이다. 그의 표현에 따르면, 땅을 빼앗기 위한 전쟁으로 죽은 시체가 벌판에 가득하고, 도시를 빼앗기 위해 벌인 전쟁으로 죽은 시체가 도로에 가득한, 그런 처참한 시대였다. 그래서 빨리 이 전쟁이 종식되는 것, 누구든 통일을 이루어 이 미친 충돌부터 끝내는 것이 가장 긴급한 과제였다. 혼란하고 무질서하고, 강자가 더욱 강자가 되기 위해 빼앗는 것이 일상다반사였던 세상, 여기에 평범한 백성이 설 자리가 있었을까? 사는 게 지옥이었을 것이다.

그러한 세상 한복판에서 맹자는 인간의 가능성을 말했다. 인간이 짐승과 하등 다를 바 없게 보이고 인간이 짐승처럼 느껴지는 시대에, 맹자는 인간은 반드시 인간이어야 하고, 인간은 충분히 그럴 수 있는 존재임을 외쳤다. 힘이 최고가 된 세상에서 가장 많은 힘을 가진 지도자들이, 왕들이 모든 것의 주인으로 군림하던 시대에 맹자는 지도자의 자리는 백성이 주는 것임을, 그래서 백성이 나라의 근본임을 주장했다.

당장의 성취와 권력 쟁취는 그가 신경 쓰는 문제가 아니었다. 맹자도 당연히 혼란하고 무질서한 세상을 얼른 정리하고 싶었다. 그러나 그에게 더욱 중요한 것은 그 혼란을 제대로 종식하는 것이었다. 더 큰 힘을 쥔 사람이 힘으로 정리해서 통일한다면 다시금 힘없는 자가 힘 가진 자에게 억눌리고 빼앗겨 고통과 불만이 가득한 세상이 되기 때문이다. 그런 건 진짜 통일이 아니다. 그에게 진정한 의미의 통일은 평범한 사람들이 누구나 행복하게 살 수 있는 나라, 위협받지 않고 일정하게 보장되는 소득이 있어 생존에 대한 불안이 없고, 그래서 타인을 돌보고 사람다운 사람으로 살아가겠다는 마음을 항상 간직하고 실천할 수 있는 나라가 되는 것을 의미했다. 지도자가 이런 나라를 꿈꾸고 설계하고 실제로 실행해 나간다면 죽이고 뺏고 학대하고 으름장 놓지 않아도 민초들은 그런 나라를 환영하고 그런 나라에 기꺼이 깃들어 살 것이다.

맹자는 각국 지도자들에게 등용되어 자신의 이런 꿈을 펼칠 수 있기를 간절히 바라고 또 바랐지만 그 목적을 위해 절대 자신의 신념을 꺾지 않았고, 소신을 저버리고 타협하지 않았다. 그래도 큰 꿈을 꾸고 있다면, 그게 진정으로 참 아름다운 꿈이라면 조금 굽혀서 일단 자리를 한번 얻어 보는 것도 괜찮지 않겠느냐는 질문에, 맹자는 한 자를 굽혀서 열 자를 펼 수는 없는 노릇이라고 했다. 처음 잘못 채운 단추를 나중에 가서 바로잡을 수는 없다. 다 열고 다시 채워야 한다. 이미 자기 신념을 굽히고 자기에게로 들어온 아랫사람을 위해 자신의 지향점을 기꺼이 포기해 주는 윗사람은 없다.

《맹자》를 읽으며 감탄에 감탄을 거듭했다. 시대의 문제와 그 문제를 낳은 지도자와 권력층에 대한 정확한 분석과 날카로운 질타 그리고 바른 원칙에 입각한 대안, 가능성의 제시. 흠뻑 빠져들어 몇 번이고 읽었다. 《맹자》는 오늘날에도 여전히 유효하다. 아니 오늘날이야말로 진정 맹자가 필요하다. 전국시대와 크게 다를 것 없어 보이는 오늘날이 아닌가? 욕망을 부추기고 돈과 권력을 노골적으로 붙좇으며 사라진 계급을 부활시키지 못해 안달인 세상에서 별 내세울 것 없는 평범한 우리는 있는 것, 없는 것 다 끌어다 악다구니를 써 보다가 나가떨어지기를 반복한다. 그런데도 어쩔 수 없잖아 되뇌며 매일 전쟁하듯 살아간다. 그런 우리에게 맹자는 당신은 무한한 가능성의 존재라고, 당신은 이미 아름다운 토양을 지닌 존재라고, 인간으로 태어났으니 인간답게 살아가야 하지 않겠느냐고 권해 온다. 나 대신 이 나라의 썩어 빠진 기득권과 지도자들을 실컷 욕해 주고, 그들의 잘못을 날카롭고 적확하게 지적해서 속을 시원하게 해 주고서, 그럼 이제 이 세상을 사람이 살 만한 곳으로 바꾸어야 하지 않느냐고, 우리는 충분히 그럴 수 있다고 꿈꾸게 한다. 그래서 맹자는 여전히, 늘, 청춘이다.

대한민국은 2024년 예기치 못한 12.3 내란을 겪었다. '빛의혁명'으로 그 거대한 위기를 잘 극복해 내고 2025년 6월 새로운 국민주권 정부를 출범시켰다. 계엄이라는 불의에 의(義)의 빛을 들어 항거했으며, 그 과정에 서로에게 기꺼이 음식을 대접하고 필요한 물품을 나누는 인간으로서의 아름다움, 즉 연대의 모습을 보여 주었다. 우리가 이 엄청난 위기를 기어이 그리고 기꺼이 평화적으로 극복해 내는 모습을 전 세계가 지켜보며 놀라워했다. 세계는 다시 대한민국에 주목하고 있다. 숱한 위기를 겪으면서도 끝내 포기하지 않는 의로움에 대한 갈망과 연대의 미덕, 맹자를 공부한 입장에서 여기에는 맹자가 우리에게 선물해 준 유산이 일정 정도 지분을 차지하고 있지 않을까 한다. 조선(朝鮮)이 건국이념으로 채택한 유학, 그중에서도 중심이 되었던 맹자의 핵심 사상이 사람답게 사람을 사랑하는 것과 의로움의 실행이었고, 이것이 500년 동안 나라를 부지한 힘이 되어 우리의 정신적 원형을 이루게 된 측면이 분명 존재한다고 생각하기 때문이다. 그렇다면 지금이야말로 우리가 정말로 맹자를 알아야 할 때가 아닐까?

이 책은 내가 이해했던 맹자를 한 호흡으로 정리해 본 것이다. 《맹자》는 분량이 적지 않은데, 옛날 책이라 편집이 요즘 책처럼 일목요연하게 되어 있지 않다. 그래서 하나의 흐름으로 꿰어 이해하기 어려운 면이 있다. 본격적으로 직접 《맹자》를 읽는다 해도 한 번 읽는 것으로 이해하기 쉽지 않다. 물론 많은 연구서가 있지만, 연구서들은 문체도 딱딱하고 내용도 필요 이상으로 깊고 세밀해서 편하고 쉽게 이해하고 싶은 입장에서 쉽게 손이 가지 않는 면이 있다. 그래서 연구서처럼 조목조목 세세하고 엄밀하게 파고들기보다는 나를 반하게 했던 맹자의 핵심을 하나의 흐름으로 정리하고, 읽기 편한 적당한 분량으로 제시한다면 맹자에게 쉽게 다가가고 싶은 독자들에게 도움이 되지 않을까 생각했다.

기왕 이 책이 세상에 태어나 빛을 받게 되었으니 이 책으로 인해 나와 같은 열혈 맹자 팬들이 생겨날 수 있다면 좋겠다. 그리고 여기에 더해 욕심을 부린다면, 지금 우리에게, 우리 사회에 맹자가 새롭게 살아나, 사람이 사람으로 대우받고 정의가 강물같이 흐르는 새로운 대한민국의 정신적 바탕을 이루는 데 이바지하게 된다면 더 바랄 나위가 없을 것이다.

2025년 가을
임자헌

차례

들어가는 말 | 005

오직 인仁과 의義가 있을 뿐입니다 | 014

인정仁政을 행하십시오 | 036

인간의 본성은 선합니다 | 074

구하면 얻고 버리면 잃습니다 | 095

잘 길러 주면 자라지 못할 것은 없습니다 | 110

흔들리지 않는 마음을 길러 봅시다 | 131

죽음보다 싫어하는 것이 있습니다 | 150

조선에서 대한민국으로, 다시 내일로 | 164

오직 인仁과 의義가 있을 뿐입니다

세상이 흉흉하다. 전쟁의 소문이 끊이지 않고 들려온다. 무기란 공격하기 위한 것일까, 지키기 위한 것일까? 과학이 발달할수록 무기가 발달하고, 무기가 발달할수록 그 무기를 소유하면 누구도 침략할 수 없는 나라가 된다고 말하지만 그 말의 피상적 안정감 이면에는 거대한 불안이 점점 더 몸집을 크게 불려 간다. 개인의 삶도 별반 다르지 않다. 범죄를 막고 발생한 범죄의 범인을 잡기 위해 사회 구석구석 CCTV가 설치되지만 CCTV 설치가 늘수록 되레 서로에 대한 불신은 깊어지고 더불어 사는 안전한 세상에 대한 꿈은 요원해져만 가는 것 같다. 무엇이 문제인 것일까?

놀랍게도 이에 대해 무려 2,400년 전의 정치철학자 맹자(孟子)가 그 원인과 해답을 말하고 있다. 우리는 늘 앞을 보며 해결책을 모색하는 습관이 있다. 앞으로 오는 것이 '새것'이라고 생각하기 때문이다. 그리고 이 이면에는 '옛것'은 구식이고 낡았다고 여기는 생각이 있다. 세상이 바뀌었기 때문에 옛것은 지금에 큰 힘을 발휘할 수 없다고 보는 것이다. 그러나 과학기술은 모르지만 인간의 조건은 바뀐 것이 없다. 태어나 성장하고 먹고 마시며 생명을 이어 가고 사람을 만나고 사귀고 사회를 이루어 살아가며 그 안에서 온갖 감정을 겪고 고뇌하고 문제를 해결하는 삶의 방식은 하나도 바뀐 것이 없다. 이전부터 죽 겪어 오던 것을 지금 세상도 새삼 겪고 있는 것일 뿐이다. 그래서 과거의 지혜를 들여다보는 것은 새로운 것을 만들어 찾는 것보다 때로 훨씬 유용하다.

《맹자》 맨 첫 장인 양혜왕(梁惠王) 상편(上篇)에서부터 오늘 우리가 사는 세상이 왜 이렇게 되었는지에 그 힌트를 얻을 수 있다. 양혜왕 상편은 맹자가 당시 전국칠웅(戰國七雄) 중 하나인 양나라 혜왕을 만나는 것으로 시작한다.

맹자가 양혜왕을 만났다. 왕이 말했다.

"어르신께서 이 먼 나라까지 기꺼이 와 주셨군요. 그렇다면 우리나라를 이롭게 할 방책이 있으시겠죠?"

"왕께서는 하필 '이익'을 말씀하십니까? 다만 인과 의가 있을 뿐입니다."

孟子見梁惠王. 王曰: 叟不遠千里而來, 亦將有以利吾國乎? 孟子對曰: 王何必曰利? 亦有仁義而已矣.

당시 중국은 전국시대라는 시기를 지나고 있었다. 봉건제를 실시하던 주(周)나라가 힘을 잃자 주나라가 봉해 준 봉건국 제후들이 주나라에 대항해 각기 독립적인 행보를 보이기 시작했다. 그리고 그런 움직임은 필연적으로 봉건국들이 힘을 경쟁하는 것으로 이어졌다. 바야흐로 춘추시대(春秋時代)가 시작된 것이다. 한 번 시작된 경쟁의 움직임은 쉬이 사그라지지 않았다. 사그라지기는커녕 오히려 날로 더욱 심화되어 갔다. 춘추시대는 그래도 주나라가 세운 질서에 표면적으로라도 순응하는 모습을 보였는데, 나라 대 나라의 전쟁이 격해지면서 주나라 질서가 완전히 자취를 감추고 본격적으로 강자가 약자를 무자비하게 집어삼키는 시대가 열렸다. 이것이 전쟁의 시대, 즉 전국시대인 것이다. 그리고 춘추시대에 자잘하게 존립하고 있던 나라들은 전국시대가 되면 거대한 일곱 개의 강국에 완전히 병합된다. 그 일곱 강국을 전국칠웅이라 한다. 이때는 과연 어느 나라가 혼란을 종식시키고 천하를 통일할지가 최대 관심사였다. 그래서 각국은 부국강병책을 가진 인재를 영입하는 데 매우 큰 노력을 기울였다. 맹자도 바로 그런 이론가로서 양혜왕 앞에 선 것이다.

게다가 양혜왕은 당시 상황이 더욱 좋지 않았다. 본문 조금 뒤에 가면 양혜왕이 맹자에게 이렇게 호소하는 장면이 나온다.

"진(晉)나라가 강대국인 것은 어르신께서도 잘 알고 계실 것입니다. 그런데 내가 즉위한 뒤로 동쪽으로는 제(齊)나라에 패하고 그 전쟁에서 큰아들을 잃었고 서쪽으로는 진나라에 우리 국토 700리를 내주었으며 남쪽으로는 초(楚)나라에게 침략을 당하는 모욕을 겪었습니다. 과인은 이런 일들이 치욕스럽습니다. 이들 전쟁에서 전사한 자들을 위해 한번 제대로 설욕해 내고 싶은데 어떡하면 좋겠습니까?"

梁惠王曰: 晉國, 天下莫強焉, 叟之所知也. 及寡人之身, 東敗於齊,

長子死焉. 西喪地於秦七百里, 南辱於楚. 寡人恥之, 願比死者一洒
之, 如之何則可? **양혜왕 상**

양혜왕은 천자국 주나라의 질서에서 벗어나 스스로 '왕'
이라 칭한 사람이었다. 왕은 주나라 천자만 가질 수 있는
호칭이었다. 제후국 군주는 '공(公)'이라 하는 게 맞았다.
하지만 전국시대에 들어서면 주나라의 지위가 완전히 추
락하기 때문에 전국칠웅 군주들은 모두 스스로 '왕'으로
참칭했으니 양혜왕만 중뿔나게 스스로 왕으로 칭했던 건
아니다. 전국칠웅 가운데 하나이고, 왕이란 호칭도 기꺼
이 사용했으니, 위세 당당할 것 같지만 사실 그렇게 좋은
상황은 아니었다. 물론 좋은 시절도 있었다. 할아버지인
문후(文侯)와 아버지인 무후(武侯) 때만 해도 상당히 막
강한 힘을 자랑했고, 혜왕 그 자신도 초기에는 전쟁에서
꽤 많이 이겨 이웃 나라들이 국교 맺기를 청하기도 했다.
하지만 후에는 본문의 하소연처럼 제나라와 진나라 같은
강대국에 대패하면서 나라가 많이 힘들어졌다. 나라 이름
만 봐도 그 어려움을 알 수 있다. 양나라는 원래 위(魏)나
라이다. 그런데 혜왕 17년에 서쪽의 강국 진나라 침공으
로 소량(少梁) 땅을 빼앗기고 하서 지방을 내주면서 도읍

을 대량(大梁)으로 이전하면서 양나라로 불리게 된 것이다. 혜왕 30년에는 동쪽의 강국 제나라와의 전쟁에서 태자 신(申)이 포로로 잡혀가는 수모를 겪었고, 남쪽의 강국 초나라의 침략에 일곱 개 고을을 잃는 치욕을 겪었다. 양혜왕은 실로 위태롭고 급박한 처지에 몰려 있었고, 그래서 많은 책사를 청해 조언을 들었는데, 맹자도 그중 한 명이었던 것이다.

이런 상황, 이런 분위기에서 양혜왕이 맹자에게 던진 첫 질문은 매우 합당하다. 그는 무엇보다 먼저 부국강병책에 대해 묻는다. 그의 처지를 생각해 볼 때 그것 외에 그에게 궁금한 게 달리 뭐가 있었겠는가? 맹자 역시 양혜왕의 상황을 모르지 않았다. 양혜왕이 말하지 않아도 천하 정세를 알지 못하고 유세를 다닐 리가 없다. 그럼에도 맹자의 답은 예상을 뒤엎는다. 맹자는 되레 왜 하필 '이익'을 말씀하느냐며 핀잔을 준다. 그리고 이 피도 눈물도 없는 전쟁의 시기, 위기를 겪으며 돌파구를 찾고 있는 나라 군주에게 '인과 의'가 있을 뿐이라고 답한다. 왜 인과 의를 말했는지 맹자의 말을 이어 들어 보자.

"만약 왕이 '어떻게 하면 내 나라를 이롭게 할까?'를 말하면, 그 아래 대부들은 '어떻게 하면 내 집안을 이롭게 할까?'라고 하며, 선비와 일반인들은 '어떻게 하면 나 자신을 이롭게 할까?'라고 할 것입니다. 이렇게 위아래가 이익을 다투면 나라가 위태로워지게 마련입니다.

만승(萬乘)의 나라에서 그 군주를 시해하는 자는 반드시 천승(千乘)의 집안이고, 천승의 나라에서 그 군주를 시해하는 자는 반드시 백승(百乘)의 집안입니다. 만승에서 천승을 떼어 나라를 세워 주고 천승에서 백승을 취해 봉록을 주는 것이 결코 적은 수가 아닙니다만 진실로 의를 뒤로하고 이익을 앞세우면 빼앗지 않고서는 만족해하지 않습니다."

王曰, 何以利吾國? 大夫曰, 何以利吾家? 士庶人曰, 何以利吾身? 上下交征利而國危矣. 萬乘之國弑其君者, 必千乘之家; 千乘之國弑其君者, 必百乘之家. 萬取千焉, 千取百焉, 不爲不多矣, 苟爲後義而先利, 不奪不饜.

만승이니 천승이니 하는 것은 나라의 규모를 말한다. 승(乘)은 말 네 대가 모는 수레로, 만승의 수레를 보유할 수 있는 것은 천자국이고, 천승은 제후국, 백승은 대부를 각각 가리킨다. 위의 내용을 쉽게 요즈음 감각으로 풀이해 보면 다음과 같다.

"한 조직의 보스가 누구에게 칼을 맞습니까? 중간 보스에게 당합니다. 크면 큰 대로, 작으면 작은 대로, 어떤 조직이든 마찬가지입니다. 중간 보스에게 10퍼센트 정도의 이권을 챙겨 주고 있어도 그렇게 됩니다. 10퍼센트면 결코 적은 게 아닌데도 말입니다. 정의와 같은 철학적 가치를 뒷전에 놓고 이익을 앞세우면, 서로 싸워서 빼앗지 않고는 성에 차지 않는 겁니다."

이익이 당장 눈앞에 보기에 정말 빨리 도움이 되는 것 같지만 그 이익이란 것이 정말로 내내 이익이기만 하겠는가 생각해 보았느냐는 말이다. 윗사람이 추구하는 가치가 앞뒤 전후 따지지 않고 그저 이익이기만 하면 아랫사람도 당연히 마찬가지로 오로지 이익에 골몰하지 않겠는가? 윗사람이 오로지 이익만 따져 취하고 버리는데 아랫사람이 그런 윗사람을 위해 사람다운 행동을 하고 정의니 의리니 그런 것을 지킬 수 있을까? 아니 그럴 마음이라도 먹긴 할까?
하지만 그렇게 오직 이익만 바라는 윗사람이라 해도 자기 아랫사람에 대해서는, 이익 여부를 따져 자기를 버리거나 배신하기를 바라지 않을 것이다. 오히려 이익을 따지는 사람일수록 자신의 아랫사람들이 혹여 배신할까 전전긍긍하며 감시하고 색출하는 데 열을 올리고 혹시라도 그런 일이 벌어지면 분해서 어쩔 줄 모른다. 그래서 맹자는 말한다. 윗사람이 이익만 따지는데 아랫사람도 이익에만 골몰하는 게 당연하지 않겠냐고.

게다가 여기에서 말하는 배신이란 그저 그런 배신이 아니다. 무려 '죽음'이다. 첫마디에 '군주의 시해'를 말하고 있다. 사마천(司馬遷)이 쓴 《사기(史記)》의 〈태사공자서(太史公自序)〉에 보면 "《춘추(春秋)》에 보면, 시해된 군주가 36명이고, 망한 나라가 52개국이며, 제후가 도망가서 그 사직을 보존하지 못한 경우는 이루 다 셀 수도 없다."는 내용이 있다. 그래도 예(禮)가 살아 있었다는 춘추시대 200여 년 동안의 혼란이 저 정도였다. 그러니 대놓고 싸움을 일삼는 전국시대는 더 말할 필요가 없을 것이다. 첫 만남에 어려운 상황에 놓인 양혜왕에게 던지는 맹자의 직설은 무시무시하다.

인과 의가 아니면 길이 없다고 만남의 첫 순간 잘라 말하고 있는 것이다. 다만 주의해야 할 점은 이 내용을 단순

하게 '이익 대 인과 의'의 대립으로 이해하는 것이다. 이렇게 이해하면 맹자의 말이 좋긴 하지만 실현 불가능한, 이상주의자의 뜬구름 잡는 설교로 볼 수도 있기 때문이다. 여기서 말하고 있는 '이익'이란 당장 눈앞의 이익, 즉 작은 이익을 말한다. 그리고 인과 의는 '이익'에 대치되는 개념이 아니라 오히려 대단한 결과를 가져오는 '아주 큰 이익'을 의미한다. 맹자의 마지막 말을 들어 보면 쉽게 이해할 수 있다.

"인하면서 그 부모를 버리는 자는 없고, 의로우면서 그 군주를 팽개치는 자도 없습니다. 왕께서는 다만 인과 의를 말씀하시면 그만일 뿐인데 왜 하필 이익을 말씀하십니까?"
未有仁而遺其親者也, 未有義而後其君者也. 王亦曰仁義而已矣, 何必曰利?

인이란 '사람다움' 또는 '사람을 사람답게 사랑하는 것'이라 할 수 있고, 의란 '정의로움, 원칙' 또는 '옳음을 바르게 파악해서 실천하는 것'을 가리킨다. 부모가 자식을 낳아 기르며 하는 사랑을 내리사랑이라고 한다. 이 내리사랑은 배우지 않아도, 애써 노력하지 않아도 대체로 모든 사람이 다 할 수 있는 사랑이다. 돌보지 않으면 생존할 수 없는 무기력한 존재를 낳아서 사람 꼴을 갖출 때까지 부모의 손으로 키운다. 희생과 돌봄의 시간, 그 시간은 내리사랑으로 이루어진 시간이다. 내 손으로 키워 냈기 때문에 내리사랑은 크게 어렵지 않다.

이렇게 부모의 사랑을 받아 성장한 자녀가 부모에게 돌려드리는 사랑을 치사랑이라고 한다. 그런데 이 사랑은 쉽지 않다. 부모는 자식이 배 아파 낳지도 않았고, 내 희생으로 키우지도 않았고, 오히려 모든 것을 받으며 살았기 때문에 아무것도 할 수 없는 무력한 존재를 내 손으로 키우는 동안 생긴 사랑을 경험할 시간이 없기 때문이다. 자식에게 부모의 희생은 물론 매우 감사한 것이지만 또 한편 당연하게 느껴지기도 한다. 감사함이라는 '사람다운 감정, 사람다운 사랑'을 알기 전에 본능적으로 그 희생을 먼저 받아 생존했고, 감사함은 그 이후 성장하며 배우고 깨닫는 것이기 때문이다.

자녀가 어느덧 다 성장하고 나서 왕성한 한창때를 누릴 즈음 부모는 힘이 점점 사라져 인생의 황혼기를 맞이한다. 이제 관계의 역전이 일어나 자녀가 부모를 돌보아야 하는 시기가 시작된다. 그런데 그즈음 자녀는 자신의 자녀가 있을 확률이 높다. 자기 자녀에 대한 내리사랑에 힘을 쏟고 있을 시기일 것이란 말이다. 자녀는 내리사랑과 치사랑을 함께 쏟아야 하는 순간에 선다. 그리고 인간에게는 힘이 한정되어 있다. 자, 위기의 순간에 자기 자신의 삶을 유지하면서 아래위로 사랑을 쏟아야 한다면 그는 무엇을 선택할까? 힘을 어떻게 분배할까? 그 자녀가 사람답다는 것이 무엇인지, 그것을 현실로 살아 낸다는 것이 무엇인지를 제대로 배웠는지 여부가 부모의 이후 삶을 좌우할 것이다. 사람다운 사람이 가져야 할 사랑의 마음을 제대로 배우고 익힌 자식이라면 어떤 위기에도 부모를 버리지 않을 것이다. 하지만 반대로 동물적인 사랑 외에 알지 못하는 사람은 위기의 순간 내 가족, 즉 나와 내 자식부터 챙길 것이다. 마찬가지로 사회 역시 위기의 순간에 구성원들 개개인이 어떤 선택을 할지 또한 사람답다는 것과 사람다움을 올바로 판단하고 실천하는 힘을 가졌는지 여부에 따라 운명이 좌우될 것이다. 왕이 먼저 모범을 보이며 사람으로서 제대로 사는 것, 즉 인과 의의 가치를 지켜 내면 백성도 바로 서게 되어 양혜왕은 자기 신하에게 시해당할 것을 염려하는 불필요한 정신적 소모를 더 이상하지 않아도 된다.

맹자는 등(滕)나라라는 작은 나라의 군주가 자신의 나라가 아주 작아서 나라를 어떻게 지켜 내야 할지 모르겠다고, 어떤 강대국을 섬기는 것이 자기 나라에 최선의 선택이 되겠는지 물었을 때 이렇게 답한 적이 있다.

"어떤 나라를 섬겨야 좋은지 같은 계책은 저도 달리 대답드릴 만한 정답이 없습니다. 그러나 다만 한 가지 방책이 있긴 합니다. 여기 해자를 파고 성벽을 높이 쌓아 백성과 함께 지키되, 백성이 죽을지언정 나라를 떠나지 않겠다는 결사 항전의 각오로 버틴다면 이건 해 볼 만합니다."

是謀非吾所能及也. 無已, 則有一焉, 鑿斯池也, 築斯城也, 與民守之, 效死而民弗去, 則是可爲也. 양혜왕 하

핵심이 무엇이겠는가? 백성들이 스스로 결사 항전을 각오하는 것이다. 왕이라면 지도자라면 누구나 이런 백성을, 이런 국민을 원할 것이다. 이게 나라가 가질 수 있는 가장 큰 이익이 아니겠는가? 나라의 최고 강력한 무기에 대해 맹자는 다음과 같이 말한 바 있다.

"하늘이 내려 준 좋은 기회가 지형의 이로움만 못 하고, 지리적 이로움이 백성들의 화합만 못 합니다. 3리 되는 내성과 7리 되는 외곽을 가진 조그만 성채를 포위하고 공격해도 이기지 못하는 수가 있습니다. 포위하고 공격하다 보면 반드시 한번쯤 하늘이 내려 준 천재일우의 기회를 얻었을 것인데, 그런데도 이기지 못하는 것은 지형의 이로움만 못 하기 때문입니다. 성벽이 매우 높고 해자가 매우 깊고 병장기가 최첨단 최고 품질에 군량미가 넘쳐 나는데도 그걸 다 내버리고 도망치는 경우도 있으니, 이는 지형적 이로움이 백성들의 화합만 못 하기 때문입니다. 그렇기 때문에 '백성은 국경선으로 묶어 둘 수 없고 나라는 지형적 유리함으로 지킬 수 없으며 최첨단의 강력한 무기로 천하를 발밑에 둘 수 없다.' 하였습니다."

孟子曰: 天時不如地利, 地利不如人和. 三里之城, 七里之郭, 環而攻之而不勝. 夫環而攻之, 必有得天時者矣. 然而不勝者, 是天時不如地利也. 城非不高也, 池非不深也, 兵革非不堅利也, 米粟非不多也, 委而去之, 是地利不如人和也. 故曰: 域民不以封疆之界, 固國不以山谿之險, 威天下不以兵革之利. 공손추 하

인화(人和), 즉 백성들의 화합이 천재일우의 기회와 지형

적 이로움을 뛰어넘는다. 나라 사람들 간의 관계가 가장 중요하다고 말하고 있는 것이다. 살 만한 나라인가, 그래서 서로 부대끼며 살아가는 것이 즐거운 곳인가, 하여 서로 이 나라에 대한 긍지가 있는가가 나라의 운명을 좌우한다는 것이다.

확실히 나라의 운명에는 지리적 위치가 크게 한몫을 차지한다. 우리나라의 운명을 이야기할 때도 항상 먼저 거론하는 것이 우리나라의 지정학적 위치이다. 대륙 세력과 해양 세력이 만나는 딱 그 지점에 놓인 한반도에는 언제나 쉴 새 없이 각국의 이익과 그로 인한 갈등이 들이친다. 잘 알고 있다시피 우리가 남북으로 갈라진 것도 우리나라 국민의 뜻이 아니라 세계 거대 세력의 갈등이 우리 지형에 반영되었기 때문이지 않은가. 그래서 우리나라의 평화로운 존립을 위해서는 기민한 외교와 튼튼한 국방력이 매우 중요하다. 하지만 맹자는 오늘 우리에게 묻는다. 지금 당신네 국민은 서로 존중하고 사랑하는 공동체를 이루었는가, 그리하여 죽어도 나라를 버리지 않을 만큼 이 나라를 사랑하는가? 그리고 역사적 경험을 통해 우리는 알고 있다. 지정학적 위치의 위기에도 우리가 여전히 존속할 수 있는 것은 나라의 위기에 들불처럼 일어났던 백성들, 국민의 단결과 희생 덕분이었다는 것을 말이다. 나라의 위기도 희망도 그 나라에 살고 있는 국민의 마음에서 시작된다.

그렇다면 국민이 제 나라를 싫어하면 어떻게 될까? 인화가 전혀 없는 상태라면 나라는 어떤 상황에 놓이게 될까? 맹자의 고국인 추(鄒)나라 목공(穆公)이 맹자에게 이런 하소연을 한 적이 있다. 당시 추나라는 노(魯)나라와 한판 전투를 벌였다가 패한 상황이었다.

"이번 무력 충돌에서 내 관리들 서른세 명이 사망했습니다만 백성들은 죽은 자가 없습니다. 이런 백성들을 다 죽이자니 너무 많고, 죽이지 않자니 그 윗사람이 죽는 것을 빤히 보면서도 구하지 않은 걸 놔두기 그렇습니다. 어떡하면 좋겠습니까?"

鄒與魯鬨. 穆公問曰: 吾有司死者三十三人, 而民莫之死也. 誅之, 則不可勝誅; 不誅, 則疾視其長上之死而不救, 如之何則可也?

추목공의 말에서 백성들 가운데 죽은 자가 없다는 건, 뒤의 말 문맥에서 유추할 수 있겠지만, 자신들의 지도자가 싸움에 패해 죽는 걸 보면서도 일반 백성들은 그저 도망치고 자기 살길만 도모해서 전혀 그 싸움에 주도적으로 뛰어들지 않았다는 말이다. 상관들만 죽은 희한한 전투였던 것이다. 추목공은 이게 너무 괘씸했다. 군주로서 위엄이 땅에 떨어진 사건이었다. 그래서 그 전투에 있었던 백성들을 벌했으면 싶은데, 다 죽이자니 그 수가 너무 많아 이러지도 저러지도 못하고 있는 상황인 것이다. 이런 추목공의 말에 맹자는 뭐라고 답했을까? 어떤 기발한 방법을 말해 줬을까?

"흉년이 들어 굶주림이 도처에 널린 해에 임금님의 백성들 가운데 노약자는 그 시체가 구덩이에 구르고, 먹고살 길을 찾아 사방으로 흩어져 간 장정들은 그 수가 수천에 헤아립니다. 그런데 임금님의 곳간은 실하고 창고는 가득 차 있습니다. 하지만 관리들은 이 사실을 고하지 않았습니다. 이는 윗사람이 태만하여 아랫사람들을 해친 것입니다. 증자는 이런 말을 했습니다. '경계하고 경계하라! 너에게서 나온 것이 너에게로 돌아가나니!' 백성들은 이제야 그간 당해 온 것을 갚아 준 것이니 임금께서는 그들을 탓하지 마십시오. 임금께서 인(仁)한 정치, 즉 백성을 아끼고 보호하면 백성들은 제 윗사람을 친히 여겨 그 우두머리를 구하기 위해 목숨도 바칠 것입니다."

孟子對曰: 凶年饑歲, 君之民, 老弱轉乎溝壑, 壯者散而之四方者, 幾千人矣. 而君之倉廩實, 府庫充, 有司莫以告, 是上慢而殘下也. 曾子曰: 戒之戒之! 出乎爾者, 反乎爾者也. 夫民今而後得反之也, 君無尤焉. 君行仁政, 斯民親其上, 死其長矣. 양혜왕하

이렇게까지 직설적이라고? 이런 대답을 들은 추목공은 아마 모르긴 몰라도 화가 나서 부들부들 떨었겠지? 그러나 맹자의 말은 하나도 틀린 것이 없다. 오히려 지도자들의 허를 찌른다. 경기 불황이 최악인 나라의 지도자들이 평범한 혹은 가난한 백성들을 위해, 혹은 위기를 맞은 기업의 총수들이 여기서 쓰러지면 삶을 유지할 수조차 없는 직원들을 위해 책임을 통감하며 일단 자기 곳간부터, 자기 창고부터 열어 사재를 다 털어 내놓은 적이 있던가? 부자는 망해도 3대 간다는 말이 괜히 있는 게 아니다.

최고 지도자나 총수가 그렇게 하지 못하고 있을 때 그래서는 안 된다고 책임지고 본인부터 희생해야 한다고, 당신의 재산을 내어놓으면 이 위기를 탈출할 수 있다고 직언하는 보좌관은 있던가? 국민이 직원들이 일반인들이 알려 주지 않으면 모를 것 같아도 실은 다 알고 마음에 품

고 있다고, 그래서 벼르고 있다가 기회가 오면 놓치지 않고 반드시 실행한다는 말이다. 이야기 끝에 인용한, '너에게서 나온 것이 너에게로 돌아간다'는 증자의 말은 무섭기까지 하다. 백성을 탓할 게 아니라 당신이 그간 펼쳐 온 정치가 어떠했는지 돌아보는 것이 먼저 해야 할 일이다. 제 군주를 위해 제 나라를 위해 목숨을 바치는 것은 백성의 의무가 아니라 그 지도자가 바른 정치를 펼칠 때 나타나는 결과일 뿐이라는 맹자의 말은 자칫 간과하기 쉬운 국가 운영의 요체를 날카롭게 지적한다.

이제 왜 맹자가 사방으로 욱여쌈을 당해 여유가 없는 양혜왕의 상황을 뻔히 알면서도 만나자마자 인과 의부터 말했는지 이해할 수 있을 것이다. 양혜왕과 맹자의 대화를 읽다 보면 늘 급한 일로 쫓기는 삶이 떠오른다. 삶을 살아갈수록 더 많은 문제와 맞닥뜨린다. 하나 해결했나 싶으면 다른 게 터지고, 그거 아직 해결도 못 했는데 다른 크고 작은 문제들이 또 터진다. 한 번에 하나씩만 터져도 좋을 것 같다는 마음이 들 만큼 우르르 한꺼번에 터지기도 한다. 급한 일로 쫓기기 시작하면 중요한 일은 돌아볼 겨를이 없다. 내가 살면서 놓쳐서는 안 되는 가치, 돌봐야 하는 사람, 내 삶의 철학이나 사람과의 관계, 공동체의 일원으로서 나의 자세 같은 것을 생각하고 찾고 다져 볼 여유가 없는 것이다. 급한 일은 한순간도 나를 놔주지 않는다. 그렇게 정신없이 쫓겨 살다 보면 어느 순간 나는 죽을힘을 쏟아 최선을 다했는데 그런 노력이 무색하게 망가져 있는 내 생활, 내 방향이 보이고, 수습하기 어려울 정도로 뒤틀린 내 가족, 내 친구, 내 주변 사람들과의 관계가 보인다. 엉망으로 흘러가고 있는 사회까지는 제대로 볼 겨를도 제대로 분석해 말할 겨를조차 없다. 최선을 다했는데, 정말 기진맥진할 때까지 최선을 다해 애썼는데 왜 이렇게 돼 버렸을까? 좌절감만이 종종 나를 사로잡곤 한다.

맹자는 전국시대라는 망가진 세상의 복판에 서 있었다. 그 시대에 가장 인기 있는 사람은 그 망가진 세상에서 힘이 움직이는 방향을 분석해서 당장 힘을 쥐게 만들 방법을 가르쳐 주는 사람들이었다. 그들을 흔히 종횡가(縱橫家)라고 한다. 이들은 어떤 나라들과 어떻게 연합해서, 어떤 술수를 써서 당장 가장 강한 적을 물리쳐 위세를 떨칠지를 말했다. 전쟁의 시대, 매일매일 급한 일이 끊이지 않는 세상이었다. 급한 일을 처리하기만도 벅찬 시대에 그들은 급한 일 자체를 기회로 잡은 사람들이었다. 그러나 맹자는 망가진 세상이 왜 망가졌는지를 분석했다. 그리고 원칙이라는 답을 찾았다. 사람이 사람답게 산다는 것이 무엇인지, 사람이 사람답게 살기 위해 무엇을 해야 하는지 그 원칙을 바로 세우지 않는다면 이 혼란은 끝나지 않을 것이고, 누군가 힘으로 한순간 위세를 떨친다 해도 결코 오래갈 수 없다는 것을 알았다. 그래서 맹자는 급한 일이 아니라 중요한 일을 말하고 설득하기 시작했다.

사실 급한 일과 중요한 일을 대치되는 개념으로만 볼 것은 아니다. 오히려 둘이 영향을 미치는, 둘 사이의 연관성을 생각해 볼 필요가 있다. 중요한 일, 즉 삶의 원칙과 방향을 잘 세우고 늘 점검하고 바르게 실천하는 데 힘을 쏟으면 급한 일이 그 기준에 맞춰 정리될 수 있기 때문이다. 급한 일에 몰두하지 않았는데도 한발 물러나 급한 일을 바라볼 수 있게 되면서 일의 순서와 방향, 그에 대한 마음가짐이 결정되어 훨씬 수월하게 정리되는 것이다. 맹자가 말하는 이익과 인과 의의 관계도 마찬가지다. 대치되는 개념으로 볼 것이 아니라 이익은 눈앞의 작은 이익, 인과 의는 장기간 오래 누릴 수 있는 큰 이익으로 보는 것이 더 합당한 독법이라고 생각한다.

맹자는 이익이 지배하면 내가 얼마를 가졌든 가족이든 친구든 직장 동료든 다른 누구든 타인의 것을 뺏지 않고서는 만족하지 못한다고 했다. 뺏고 빼앗기는 세상에서 개인은 점점 더 많은 CCTV를 설치해야 하고 담장을 높이 쌓아야 하며 서로가 서로에 대한 감시의 눈을 늦추지 말아야 한다. 돈과 권력이 법을 지배하므로 살기 위해서라도 끊임없이 돈과 권력을 탐해야 한다. 그런 세상에서 나라들은 원칙에 입각한 존중에 의한 평화가 아니라 힘에 의한 평화를 추구한다. 끊임없이 자기 나라를 확장하며 약소국을 위협하고 자기네들이 관장하는 질서에 편입될 것을 강요한다. 이런 질서는 그대로 개인과 개인의 관계에도 영향을 미쳐 강자가 약자를 내리누르는 것이 당연해지고, 돈과 권력의 크기가 사람의 위치를 결정하는 기준이 된다. 이런 세상이라면 우리는 늘 불안할 수밖에 없다. 이와 반대로 앞에서 사람이 사람다워지면 치사랑을 할 수 있고, 원칙을 위배하지 않는 선택을 할 수 있다고 했다. 즉 어떤 위기에도 약자를 버리지 않으며 제 공동체를 외면하지 않는다는 말이다. 나와 내 자녀가 그런 세상에서 살아갈 수 있다면 그보다 더 큰 이익이 어디 있겠는가.

인정仁政을 행하십시오

그럼 인과 의를 앞세우는 정치란 어떤 것일까? 인정(仁政), 즉 인한 정치란 맹자가 말하는 정치의 핵심이다. 이는 쉽게 '사람을 최우선으로 두는 정치'라고 풀이할 수 있다. 맹자에게 한 소리 들은 양혜왕은 자신이 그래도 백성을 신경 쓰는 꽤 괜찮은 지도자라는 점을 내세운다. 다른 나라 지도자들은 백성의 삶을 자기처럼 돌보지 않지만 자신은 백성을 사랑하는 정치에 일껏 애를 썼는데도 큰 효험이 없는 것 같다며 그 까닭을 묻는다. 양혜왕이 백성을 위해 펼친 정책이 어떤 것이었기에 그다지 효험이 없었던 것일까?

"과인은 나라를 다스리는 데에 마음을 다 쏟고 있습니다. 하내(河內) 지방에 흉년이 들면 그곳 백성을 하동(河東) 지방으로 이주시키고 곡식은 하내 지방으로 옮겨 줍니다. 하동 지방에 흉년이 들어도 또 그렇게 해 주지요. 이웃 나라의 정치를 살펴보건대 과인처럼 마음을 쓰는 자가 없어요. 그런데 이웃 나라의 백성이 더 줄어들지 않고 우리나라 백성이 더 늘어나지 않습니다. 어째서 그런 겁니까?"

寡人之於國也, 盡心焉耳矣. 河內凶, 則移其民於河東, 移其粟於河內. 河東凶亦然. 察鄰國之政, 無如寡人之用心者, 鄰國之民不加少, 寡人之民不加多, 何也? 양혜왕상

전국시대에는 현대와 같은 국경 개념이 없었기 때문에 백성들은 살 만한 나라를 찾아 종종 이동하곤 했다. 그렇게 백성들이 늘어나면 나라의 세수가 늘고 군사력이 증대되어 나라의 힘이 커진다. 양혜왕은 이 점에 주목했다. 그래서 양혜왕이 펼친 정책은 그런대로 괜찮아 보인다. 흉년이 들건 말건 아무것도 하지 않고 마냥 백성을 수탈하거나 전쟁터로 내몰기만 한 이웃 나라 지도자들보다는 확실히 더 낫지 않을까? 그런데 왜 아무런 결과도 얻을 수 없

었던 것일까? 맹자는 이렇게 질문한다.

"왕이 전쟁을 좋아하시니 전쟁으로 예를 들어 보겠습니다. 둥둥둥 진격을 알리는 북소리가 울리고 양쪽 군사들이 한바탕 격전을 벌였습니다. 그런 상황에서 병장기를 버리고 도망가는 병사들이 생겼는데 어떤 이는 백 보를 도망친 뒤 멈췄고, 또 어떤 이는 오십 보를 도망친 뒤 멈췄습니다. 그런데 오십 보를 도망친 자가 백 보 도망친 자를 보고 비웃는다면 어떻습니까?"

孟子對曰: 王好戰, 請以戰喩. 塡;然鼓之, 兵刃既接, 棄甲曳兵而走, 或百步而後止, 或五十步而後止. 以五十步笑百步, 則何如?

여기서 우리가 잘 아는 '오십 보 백 보'가 유래했다. 당연히 웃기는 노릇이다. 양혜왕도 그렇다고 생각했다. 그래서 백 보가 아닐 뿐이지 오십 보 역시 도망친 것이므로 비웃어서는 안 된다고 대답했다. 그러자 맹자는 왕이 이걸 바르게 대답하실 줄 안다면 당신 나라의 백성이 이웃 나라보다 많아지기를 바라서는 안 된다고 받아쳤다. 백성을 위해 애썼다고 했지만 그것은 '오십 보 백 보'라는 것이다. 백성들은 양혜왕의 얄팍한 속셈을 이미 꿰뚫어 보고 있었다. 정말로 자기들 한 사람 한 사람을 위해서 그렇게 하는 것이 아니라 우리 숫자를 늘려서 경제적으로든 군사적으로 써먹으려고 짐짓 위하는 체하고 있을 뿐이라는 점을 간파한 것이다. 진짜로 백성을 잘살게 하는 데 뜻이 있었다면 조삼모사처럼 요란하게 백성과 곡식을 이리 옮겼다, 저리 옮겼다 하지 않고 근본적으로 부유해지는 정책을 펼쳤을 테다. 그 정책이란 다음과 같다.

"농사철을 지켜 주면 곡식이 이루 다 먹지 못할 만큼 풍성할 것이고, 치어까지도 잡아야 할 상황을 만들지 않는다면 물고기가 이루 다 먹지 못할 만큼 풍성할 것이며, 마구잡이로 나무를 베어야 할 상황을 만들지 않는다면 삼림이 무성해져 재목이 이루 다 쓰지 못할 만큼 풍성할 것입니다. 이렇게 되면 백성이 가족을 부양하고 부모님 장례를 지내는 데 못다 한 유감이 없게 됩니다. 이것이 왕도(王道) 정치의 시작입니다.
집 둘레에 뽕나무를 심으면 50대 어르신이 비단옷을 입을 수 있고, 닭이며 돼지, 개와 같은 가축이 새끼를 잘 치게 하면 70대 노인이 고기반찬을 먹을 수 있으며 농사지을 일정한 땅뙈기를 주고 나라에서 부역이다 뭐다 해서 농사철을 빼앗지 않는다면 식구가 몇이든 모두가 굶주리지 않을 수 있습니다. 그리고 교육을 바르게 행해서 어버이를 사랑하고 연장자를 공경할 줄 알게 하면 초로의 늙은이가 길에서 짐을 이고 지고 힘겹게 가는 일 따위는 없을 것입니다. 백발성성한 어르신들이 따뜻한 옷을 입고 언제든 고기를 먹을 수 있으며 청장년이 삶을 지탱해 나갈 수 있게 해 주고서도 왕이 되지 못한 경우는 유사 이래 없었습니다."

不違農時, 穀不可勝食也; 數罟不入洿池, 魚鼈不可勝食也; 斧斤以時入山林, 材木不可勝用也. 穀與魚鼈不可勝食, 材木不可勝用, 是使民養生喪死無憾也. 養生喪死無憾, 王道之始也. 五畝之宅, 樹之以桑, 五十者可以衣帛矣; 雞豚狗彘之畜, 無失其時, 七十者可以食肉矣; 百畝之田, 勿奪其時, 數口之家可以無飢矣; 謹庠序之敎, 申之以孝悌之義, 頒白者不負戴於道路矣. 七十者衣帛食肉, 黎民不飢不寒, 然而不王者, 未之有也.

맹자가 제시한 정책을 보면 백성을 이리저리 옮긴 왕의 정책은 흉년, 그러니까 경기 불황이 서민의 삶을 뒤흔들지 못하게 하는 근본적 대책이 아니었다. 근본적 해결책을 마련하여 시행한 것이 아니라면 요란하게 애를 쓰는 모양

새만 있을 뿐 결국 흉년의 지독한 굶주림으로 노약자는 시체 구덩이에 뒹굴고 청장년은 먹고살 길을 찾아 사방으로 흩어지는 것은 피할 수 없는 수순일 것이고, 실제로 양나라는 그런 모습을 보이고 있었다.

"왕께서는, 상류층에서는 개와 돼지가 사람 먹을 것을 먹는데도 단속할 줄 모르고 일반 백성은 굶어 죽어 그 시체가 길에 널려 있는데도 나라의 창고를 열 줄 모르십니다. 사람이 굶어 죽거든 이렇게 말씀하십니다. '내 탓이 아니야. 흉년이 들어서 그런 걸 나더러 어떡하라고!' 그러나 이렇게 말하는 것은 사람을 칼로 찔러 죽여 놓고서는 '내가 한 게 아니야. 칼이 죽인 거지'라고 말하는 것과 무엇이 다릅니까? 왕께서 흉년 탓을 하지 않으시면 온 세상 사람이 왕께로 몰려올 것입니다."

狗彘食人食而不知檢, 塗有餓莩而不知發. 人死, 則曰: 非我也, 歲也. 是何異於刺人而殺之, 曰: 非我也, 兵也. 王無罪歲, 斯天下之民至焉.

나라의 어려움에 대해 흉년 탓을 하는 것은, 오늘날로 옮겨 오면 '경기가 불황이라 일자리가 없어서 사람들 삶이 힘겹다'는 말과 비슷할 것이다. "경기가 불황인데, 심지어 세계 경제가 불황인데 낸들 무슨 수가 있나?"라는 말이 정치인 입에서도 기업인 입에서도 어렵잖게 쏟아져 나온다. 그 와중에 이웃 나라나 이웃 기업과 비교하며 알량하게 나은 점을 부각하기도 한다. 이런 해명을 듣는 국민은 또 아쉽지만 어쩔 수 없다는 듯이 받아들인다.

그러나 맹자는 경기 불황 탓을 하지 말라고 한다. 제대로 된 정치의식을 가지고 정책을 펼쳤더라면 경기 불황이 국민의 삶을 비참한 나락으로 떨어뜨리게 하지 못했을 것이라고 곧장 질러 말한다. 사실 생각해 보면 그렇다. 평범한 보통 사람이 언제 "야~ 이제 진짜 살 만하다. 요즘만 같으면 걱정할 게 없겠어. 나라가 아주 안정적이야!"라고 말한 적이 있던가? 우리나라는 일제강점기를 겪으며 모든 것을 수탈당했고, 해방되자 그 기쁨도 잠깐 1950년에 한국전쟁이 터져 3년간 민족상잔의 비극을 겪었다. 그리고 전쟁이 끝났을 때 대한민국에 남은 것은 아무것도 없었다. 대한민국은 말 그대로 세계 최빈국이었다. 도무지 미래가 보이지 않는 절대 가난의 나라였다. 먹고사는 것을 해결하는 게 당시 대한민국이 직면한 최대로 어려운 과제였다.

그러나 지금 대한민국은 무역 대국이 되어 국민소득 3만 달러 이상을 자랑하는 세계적으로 보아도 아주 부유한 나라로 무려 선진국의 초입에 서 있다. 그러나 우리는 최빈국일 때부터 부유해진 지금까지 늘 '위기'라는 말을 귀와 입에 달고 산다. 그렇게 가난하다가 이만큼 나아졌으면 뭔가 좀 '괜찮다'라는 느낌이 드는 게 논리적으로 맞지 않을까? 그런데 누구 하나 살 만하다고 만족스레 말하는 걸 들어 보지 못했다. 늘 위기란다. 무엇이 문제일까?

맹자가 양혜왕에게 하는 말이 오늘 우리에게도 유효해 보인다. 전국칠웅 중 하나로, 아무리 현재 수세에 몰려 있다지만 천하를 소유할 꿈을 꿀 만큼 크고 강한 나라인 양나라인데, 그 속내를 들여다보면 흉년에 굶어 죽은 백성의 시체가 길가 구덩이에 널려 있는 형편이었다. 왕을 비롯한 지배계급이 기르는 개와 돼지에게는 먹을 게 넘치는데 말이다. 그걸 단속할 줄 모르고, 부를 분배하여 경기를 부양할 줄 모르고 보여 주기 식 정책으로 면피하며 흉년 탓만 하고 있었다. 오늘날도 다르지 않다. 사실 평범한 사람들은 경기가 좋을 때도 마냥 넉넉하진 않다. 오히려 빠듯한 형편이다. 그러니 경기 불황이 닥치면 제대로 된 일자리와 벌이가 없어 냉장고조차 파먹을 수 없는, 내일이 그저 막막하기만 한 형편에 놓이게 된다. 이때 필요한 것은 잘못된 경제 구조 개혁과 서민 경제 부양을 위한 긴

급 투자 등 과감하고 윤리적인 경제 재편이다. 그러나 반복적으로 우리 귀에 들려오는 것은 경기 불황 때문에 어쩔 수 없다는 소위 지배층의 변명뿐이다. 맹자가 오늘의 상황에 있다면, 위 본문을 "경기 불황이라는 그 뻔한 탓을 멈추면 국민의 마음이 다시 당신에게로 모여들 것입니다"라고 표현하지 않았을까?

앞서 양혜왕이 행한 것과 같은 오십 보 백 보의 정책이 아니라 근본적으로 백성을 살게 하는 정책, 예를 들어 때를 놓치지 않고 제대로 농사를 짓게 해 주고 의복이며 가축 같은 살아가는 데 필수적인 것들을 잘 갖추게 해서 백발 성성한 어르신들, 그러니까 노약자들이 따뜻한 옷을 입고 언제든 고기를 먹을 수 있으며 한창때인 청장년들은 삶을 단단하게 지탱해 나갈 수 있도록 하는 것이 국가가 시행해야 할 바른 정책이다. 맹자의 다른 표현으로 하면 '항산(恒産)'을 보장해 주는 것이라고 할 수 있다. 항산은 소득이 보장된 생업을 말한다. 맹자는 제나라의 선왕(宣王)과 등나라 문공(文公)을 만나 백성을 살리는 바른 정치를 말할 때 '항산'이란 표현을 썼다. 항산이 왜 중요할까? 항산이 있어야 '항심(恒心)'이 있을 수 있기 때문이다. 항심이란 상황에 휘둘리지 않고 바른 마음을 한결같이 유지하는 것을 말한다. 맹자는 마음이 육체 안에 있다는 것을 너무나 잘 알았다. 육체가 필요한 것을 전혀 만족시키지 못하는 상황에 바른 마음이나 신념이 지켜질 리 없고, 바른 마음이나 신념이 사라진 세상은 사람이 살 수 없는 세상이 된다는 것을, 맹자는 전국시대라는 혼란과 불안의 시대를 직접 보고 겪으며 사무치게 깨달았다. 그래서 무엇보다 먼저 사람들의 육신이 필요로 하는 것을 채워 주어야 한다고 말한다.

"항산이 없으면서도 항심을 가질 수 있는 건 오직 제대로 배운 지식인이나 가능합니다. 평범한 사람들은 삶을 안정시켜 줄 항산이 없으면 변치 않는 바른 마음인 항심도 가지지 못합니다. 그런데 이 항심이 없으면 마음에 중심이 없어 상황에 따라 되는 대로 살기도 하고 잘못된 짓도 거침없이 행하며 부끄러움도 명예도 아랑곳하지 않고 갑질과 아첨 사이를 기꺼이 넘나들게 됩니다. 백성이 죄에 빠진 뒤에 범죄를 저질렀다고 처벌하면 그것은 백성을 그물질하는 것입니다. 사람을 아끼고 사랑하는 지도자라면 어떻게 그물 쳐 놓고 물고기가 걸리기를 기다리듯 법망으로 국민을 그물질할 수 있겠습니까?"

無恒産而有恒心者, 惟士爲能. 若民, 則無恒産, 因無恒心. 苟無恒心, 放辟邪侈, 無不爲已. 及陷於罪, 然後從而刑之, 是罔民也. 焉有仁人在位, 罔民而可爲也? 양혜왕 상

항심을 지닌 사람들로 가득한 세상은 참 아름다울 것이다. 법 없이도 살 사람들이 가득한 세상은 모두가 살고 싶다고 꿈꾸는 세상일 것이다. 그러나 맹자는 법 없이도 살 수 있는 선한 사람들은 태어나길 그렇게 태어나는 것도 아니고 혼자 절로 그렇게 되는 것도 아니며 나라가 만들어 내는 것이라고 말한다. 무엇보다 기본적으로 육체가 필요한 것을 채워 줘야 남의 것을 탐하거나 함부로 살거나 남의 것을 강탈하며 사는 짓 따위를 하지 않는다는 것이다. 나라가 국민에게 살아갈 수 있는 토대를 마련해 주지 않아서 생존하기 위해 범죄를 저지르는 처지에 이르렀는데, 죄를 저질렀으니 합당한 벌을 받아야 한다고 냅다 처벌한다면 그건 백성을 그물질하는 것이라고 말한다. 백성을 그물질한다는 표현인 '망민(罔民)'은 그물을 쳐 놓고 물고기가 걸리기를 기다리듯 법망을 몰래 쳐 놓고 국민이 잘못을, 그러니까 죄를 저지르기만 기다렸다가 죄를 저질러 법망에 걸려들거든 곧바로 낚아채 엄벌을 다스린다는

뜻이다.

범죄가 왜 생기는지를 먼저 생각해 보고 그것의 근본 원인을 제거해야 참다운 지도자가 아니겠느냐는 맹자의 말이 당연하면서도 새롭게 느껴진다. 얼핏 지나갔지만 맹자는 항산이 없음에도 항심을, 그러니까 안정적인 소득이 없어도 참으로 바른 마음을 항상 올곧게 유지할 수 있는 사람은 '사(士)', 즉 지식인이라야 가능하다고 했다. 우리 사회가 배출한 지식인이 과연 그런 존재인가 생각해 보면 부끄러운 수준이다. 우리 사회에서 소위 지식인이라 하는 사람들의 배움의 시간을 계산해 보면 초등학교부터 대학까지 계산해도 최소 16년, 석사·박사까지 계산하면 무려 20~30년 정도가 된다. 엄청난 시간, 엄청난 학자금을 쏟아부어 배우는 배움의 내용이 무엇이기에 맹자가 말한 지식인과 우리 사회의 지식인이 이다지도 다른 걸까? 이제 정말 우리 교육의 양이나 질이 아니라 우리 교육이 품고 있는 철학에 대해 반성할 때가 아닌가 하는 생각이 든다.

그렇다면 항심을 가질 수 있게 하는 항산의 규모는 어느 정도일까?

"현명한 군주는 백성의 생업을 제정할 때는 반드시 위로 부모를 모시고 아래로 처자를 먹여 살리기에 충분하여 풍년에는 내내 배부르고 흉년에도 최소한 죽음은 면하게 해 줍니다. 그렇게 한 뒤에 백성들이 선한 마음을 길러 행하게 하기 때문에 백성들이 쉽게 따라옵니다."

是故明君制民之産, 必使仰足以事父母, 俯足以畜妻子, 樂歲終身飽, 凶年免於死亡. 然後驅而之善, 故民之從之也輕.

한마디로 넉넉하게 살 수 있게 해 주어야 한다. 가까스로 사는, 생존에 허덕이는 수준이어서는 안 된다는 것이다. 그러나 항산이 생겼다고 항심이 저절로 생기는 것은 아니다. 항심은 교육을 통해 생겨난다. '驅而之善(구이지선)'이란 표현이 그렇다. 이는 '몰아서 선으로 가게 하다'라는 뜻이다. 그러니까 백성에게 선을 가르쳐서 행하게 한다는 말이다. 먼저 항산을 주어서 백성을 선으로 몰아가면 백성들도 '從之也輕(종지야경)', 즉 '따르기가 가볍다(쉽다)'라고 했다. 교육을 받아 사람의 도리니, 사람답게 산다는 것이니 하는 질문을 던져 볼 수 있을 만큼 경제적 여유를 갖게 하는 것이 지도자가 제정해야 하는 항산의 규모이다.

맹자의 최종 목표는 개인은 인과 의를 실현하는 사람이

되게 하는 것이고, 공동체는 그런 사람이 다스리고 그런 사람들이 사는 평화로운 세상을 만드는 것이다. 그런데 이러한 궁극의 목표인 인과 의는 각박한 상황에서 저절로 생겨나는 것이 아니라서 먼저 이 가치를 깨달은 선각자들이 가르쳐 길러 줘야 한다. 하지만 가르침이라는 공급만 있어서는 안 된다. 배우고자 하는 수요도 이 공급만큼 있어야 비로소 결과를 기대할 수 있다. 배우고자 하는 마음을 갖게 하려면 어떻게 해야 할까? 무엇보다 먹고사는 근심부터 해소해 주어야 한다. 곳간에서 인심 난다고 평범한 사람들은 물질적 여유가 있어야 정신적 여유도 생겨나는 법이다. 그래서 지도자는 먼저 인간의 기본적 욕구인 생존이 위협을 느끼지 않도록 사회 안전망을 마련해야 하는 것이다. 이와 비슷한 생각이 《논어(論語)》〈자로(子路)〉 편에도 보인다.

공자가 위나라에 갈 때 염유가 운전을 해서 모셨다. 그 나라를 살펴보던 공자가 말했다.
"인구가 꽤 많구나."
염유가 물었다.
"인구가 많아진 뒤에는 뭘 더 해야 하겠습니까?"

공자가 말했다.

"넉넉하게 먹고살 수 있게 해 줘야지."

"먹고사는 게 넉넉해지면 또 뭘 더해야 하겠습니까?"

공자가 말했다.

"그럼 가르쳐야지!"

子適衛, 冉有僕. 子曰, 庶矣哉. 冉有曰, 旣庶矣, 又何加焉. 曰, 富之.
曰, 旣富矣, 又何加焉. 曰, 敎之.

맹자와 마찬가지로 공자도 제법 규모를 갖추면 백성이 안심하고 살아갈 수 있게 생업을 넉넉히 마련해 줘야 하고 그다음엔 인간답게 산다는 것이 무엇인지를 가르쳐야 한다고, 그것이 나라 운영의 기본이라고 말한다. 어려운 말도 대단한 내용도 아니다. 심지어 당연히 이런 일 하라고 지도자가 있는 것 아닌가 싶다. 하지만 당시는 전쟁이 일상인 전국시대였고, 그래서 백성들은 마치 백병전을 벌이기 위해서나 혹은 세금을 거둬 군비를 확장하기 위해 있는 존재처럼 여기는 상황이었다.

춘추시대부터 전국시대까지 합치면 그 기간이 무려 550여 년이 된다. 춘추시대부터 맹자가 살던 시기까지만 해도 400년쯤 된다. 힘에 의한 착취와 억압이 보편 진리인 양 당연해진 것이 수백 년이 된 셈이다. 그런 세상의 한복판에서 맹자는 돌연 멈춰 섰다. 그리고 나라가 건강하게 서는 근본 원리에 대해 생각해 보라고 권한다. 힘은 당장의 지배권을 얻는 데 도움이 될 수 있지만 백성의 마음을 얻을 수 없다. 하지만 사람을 살리는 정치, 즉 인한 정치는 백성의 마음을 얻을 수 있기 때문에 장기적이고 안정적으로 나라를 운영할 수 있다. 모든 나라가 백성의 재산과 생명을 제 것처럼 쓰며 서로 죽고 죽이는 시기에 사람을 살리는 정치를 펼친다면 온 세상 사람들이 짐을 싸 들고 그 나라로 자연스레 몰려가지 않겠느냐고 말한다. 그렇게 되면 전쟁을 하지 않고도 천하를 통일하게 되는 것은 당연한 수순일 것이다. 천하 통일이라니! 당시 모든 왕의 꿈이 아닌가!

그러나 확실히 힘에 의한 지배가 훨씬 쉬워 보이고 효율적으로 보이는 건 사실이다. 오롯이 백성을 위하는 정치는 특별히 그런 마음을 타고난 성인(聖人)이나 베푸는 것이 아닐까? 사실 우리는 특별히 선한 사람은 원래 그런 자질을 가지고 태어난다고 생각하는 경향이 짙다. 그래서 그런 사람에게는 '하늘이 냈다'는 표현을 붙이곤 한다. 왜 내가 사는 시대에는 그런 '하늘이 낸' 위대한 성인 같은 지도자가 태어나지 않나 아쉬워하면서 말이다. 역사를 주름잡을 만한 선한 사람은 분명 하늘이 특별하게 만들어 보낸 사람이고, 나같이 평범한 사람은 역사는커녕 내 삶 하나 책임지는 것만도 벅차다고, 대개 그렇게들 생각한다. 이런 생각은 평범한 사람들, 국민뿐 아니라 지도자들도 마찬가지로 품고 있다. 요순시대 같은 인한 정치로 가득한 태평성대를 이루는 것은 특별히 태어난 누군가의 몫이고, 지금은 그럴 여유가 있는 시대도 아니며, 그래서 자신들이 당장 이룰 수 있고 이루고 싶은 꿈이란 매우 현실적인 수단인 힘으로 위세를 떨쳐 상대국 지도자를 무릎 꿇리는 패자(霸者)가 되는 것, 하여 국민의 인기를 얻고 천하를 호령하는 것인 경우가 대부분이다. 이 당시의 군주들도 그랬다. 그래서 왕들은 패업을 달성했던 춘추시대 유명한 군주들의 이야기를 묻곤 했다. 그들처럼 천하를 제패할 방법을 가르쳐 달라는 것이었다. 그러나 맹자는 힘에 의한 정치를 단호히 거부한다. 그리고 인한 정치가 그렇게 어려운 것도, 대단한 것도 아니라고 설득한다. 오히려 그건 어렵지 않은 정도가 아니라 누구나 할 수 있는 쉬운 것이라는 파격적인 주장을 펼친다.

"사람이면 누구나 '사람을 모질게 대하지 못하는 마음'을 가지고 있습니다. 예전의 훌륭한 성인 군주들은 사람을 모질게 대하지 못하는 마음을 가지고 있어서 '사람을 모질게 대하지 못하는 정치'를 시행했던 것입니다. 사람을 모질게 대하지 못하는 마음을 가지고 사람을 모질게 대하지 못하는 정치를 행한다면 천하는 손바닥 위에 올려놓고 움직이듯 쉽게 다스릴 수 있을 것입니다."

人皆有不忍人之心. 先王有不忍人之心, 斯有不忍人之政矣. 以不忍人之心, 行不忍人之政, 治天下可運之掌上. 공손추상

그저 이뿐이다. 사람이면 누구나 가지고 있는 마음을 알아채고 정치에 응용하기만 하면 된다는 것이다. 본문의 '사람을 모질게 대하지 못하는 마음'은 원문으로 '不忍人之心(불인인지심)'이라고 하는데, 글자 그대로 하면 '차마 하지 못하는 마음'이다. 무엇을 차마 하지 못한다는 것일까? 누군가 위험하고 위태로운 혹은 바람직하지 못한 상황에 부닥쳤을 때 그것을 그냥 참고 보고 있는 것을 하지 못한다는 말이다. '忍(인)'은 '참다'는 뜻인데, 여기에 연결어미 '-아'가 붙은 채로 부사가 되어 현재 우리가 쓰는 '차마'가 된 것이다. 그리고 '차마 하지 못하는 마음', 즉 모질

게 대하지 못하는 마음을 설명하는 데서 그 유명한 사단(四端)이 등장한다.

"사람이면 누구나 사람을 모질게 대하지 못하는 마음을 가지고 있다는 것을 다음과 같은 데서 알 수 있습니다. 어떤 아기가 우물에 빠지려는 찰나를 어떤 사람이 보았다고 합시다. 그런 상황에 놓인 사람은 누구든지 깜짝 놀라 매우 걱정하고 불쌍히 여기는 마음을 갖게 됩니다. 그런데 이건 그 아기의 부모와 교분을 쌓으려고 해서도 아니고, 마을 사람이나 친구들 사이에서 명예를 얻기 위해서도 아니며, 그런 상황에 놓인 아이를 구하지 않았다는 비난을 받지 않으려 해서도 아닙니다.

이 마음을 헤아려 보건대 불쌍히 여기는 마음(측은지심 惻隱之心)이 없으면 사람이 아니고, 부끄러워하는 마음(수오지심 羞惡之心)이 없으면 사람이 아니며, 사양하는 마음(사양지심 辭讓之心)이 없으면 사람이 아니고, 옳고 그름을 판단하는 마음(시비지심 是非之心)이 없으면 사람이 아닙니다. 측은지심은 인(仁)의 단서이고, 수오지심은 의(義)의 단서이며, 사양지심은 예(禮)의 단서이고, 시비지심은 지(智)의 단서입니다."

所以謂人皆有不忍人之心者, 今人乍見孺子將入於井, 皆有怵惕惻隱之心. 非所以內交於孺子之父母也, 非所要譽於鄉黨朋友也, 非惡其聲而然也. 由是觀之, 無惻隱之心, 非人也; 無羞惡之心, 非人也; 無辭讓之心, 非人也; 無是非之心, 非人也. 惻隱之心, 仁之端也; 羞惡之心, 義之端也; 辭讓之心, 禮之端也; 是非之心, 智之端也.

아주 쉬운 설명이다. 어떤 아기가 엉금엉금 기어다니다가 그게 무언지도 모르고 우물까지 다가가더니 그 깊은 곳에 빠지려는 찰나, 그 찰나를 본 사람이라면 누구나 "어어어! 안 돼, 안 돼!!" 하며 몸을 던져 아이를 구한다. 자기에게 무슨 일이 일어나는 건지도 모르고 우물에 곧 빠져들려 하는 아기를 빤히 보면서도 그러든지 말든지, 다치든지 말든지, 죽든지 말든지 할 사람은 아마도 없을 것이다. 혹시 있다면 소위 말하는 사이코패스 정도이겠지. 한 순간 몸을 날려 그 아이를 구하는 것은 그냥 그 순간 거의 본능적으로 그냥 둬서는 안 된다는 아기를 향한 안타깝고 불쌍한 마음이 확 일어났기 때문이다.

맹자는 뒤에 친절히 덧붙인다. 굳이 모르는 아이를 향해 몸을 던져 구하는 것이 어떤 이익, 그러니까 그 부모와 친분을 터서 무슨 콩고물이라도 떨어지기를 바라는 것이거나 또 혹은 이런 영웅적인 행위를 동네와 친구들에게 알려 박수갈채를 받기 위해서이거나 이런 긍정적 이유는 아니더라도 혹 내가 그 상황을 알고 있으면서도 구하지 않았다는 게 알려졌을 때 받게 될 비난을 피하고자 그렇겠느냐는 것이다. 그런 계산이 들어갈 틈도 없이 사람이라면 일단 그 아기부터 구할 것이다. 맹자는 바로 이 마음이, 고작 이 작은 마음의 틈이 인간의 무한한 가능성이라고 말한다. 그러면서 사람이라면 누구나 크든 작든 가지고 있는 마음 네 가지를 정리한다.

사람은 누구나 불쌍하고 안타까운 것을 보면 측은해하는 마음, 즉 측은지심을 가지고 있다. 또 해서는 안 될 일을 하면 자기도 모르는 사이 얼굴이 달아오르는 것, 즉 수오지심이 발휘되는 걸 느낄 수 있다. 그래서 자기가 가지고 누려서는 안 되는 것에 대해 거절할 줄 아는 마음, 즉 사양지심이 발동되기도 한다. 이건 옳고 그름을 판단할 지적 능력, 즉 시비지심이 이미 인간에게 내재해 있다는 것을 뜻한다. 이것들이 바로 인간에게는 인, 의, 예, 지라는 인간다움의 능력이 있음을 알게 하는 단서이다.

"사람이 이 네 가지 단서, 즉 사단을 지니고 있는 것은 인간의 육체에 팔다리 네 개가 있는 것과 같습니다. 이 사단을 지니고 있으면서도 '나는 아무래도 사람답게 살 수 없어'라고 말하는 사람은 스스로를 해치는 사람이고, '우리 지도자는 아무래도 사람답게 되기 틀렸어'라고 말하는 사람은 자기 지도자를 해치는 사람입니다.

나 자신에게 갖추어져 있는 사단을 발전시키고 넓히고 채워 나갈 줄 알면, 마치 불이 처음 타오르고 샘물이 처음 터져 나오는 것 같을 것이니, 진실로 이것을 제대로 넓히고 채운다면 온 세상도 충분히 지켜 낼 수 있지만 진실로 그렇게 하지 못한다면 제 부모조차 제대로 봉양하기 어렵습니다."

人之有是四端也, 猶其有四體也. 有是四端而自謂不能者, 自賊者也; 謂其君不能者, 賊其君者也. 凡有四端於我者, 知皆擴而充之矣, 若火之始然, 泉之始達. 苟能充之, 足以保四海; 苟不充之, 不足以事父母.

이 네 가지 단서가 되는 마음이 어떤 사람은 아주 클 수도 있고 어떤 사람은 너무 작을 수도 있다. 그러나 중요한 것은 아예 없는 사람은 없다는 점이다. 맹자는 여기서 시작하자고 말한다. 나를 가만히 들여다보고 아무리 작을

지라도 그 단서를 찾아내기만 하면 된다. 찾아냈거든 넓히고 가득 채우기만 하면 되기 때문이다. 그러면 세상도 바꿀 수 있다. 누구나, 그야말로 누구나 가지고 있는 가능성이기 때문에 우리가 흔히 하듯 훌륭하게 태어난 누군가나 할 일이지 나는 할 수 없다고 말하는 것이 맹자에게는 용납되지 않는다. 악한 지도자라고 해서 포기해 버리는 것 역시 당연히 용납되지 않는다. 맹자는 아주 작은 틈에서, 인간이라면 누구나 가지고 있을 삶의 작고 따스한 경험을 통해 인간의 가능성을 말한다. 그러나 누구에게나 있는 가능성이기에 그것에 대한 포기는 절대 용납하지 않는다. 실제로 맹자는 군주를 대할 때 작은 가능성이라도 발견하면 그 가능성을 군주에게 인식시키고 발전시키는 데 최선을 다했다.

맹자가 제선왕을 만났을 때 일이다. 맹자가 제나라에 갔을 때 거기서 흔종(釁鐘) 사건에 대해 듣게 된다. 흔종이란 종을 새로 만들면 소를 잡아 그 피를 종의 틈에 발라 완성을 고하는 의식이다. 당시 제나라에서 흔종을 하게 되었는데, 왕이 그 흔종에 쓸 소를 양으로 바꾸라고 해서 논란이 된 일이 있었다. 백성들이 왕이 쩨쩨하게 소가 아까워서 그보다 작은 양으로 바꾸었다고 비난하는 여론

이 일었던 모양이다. 그러나 왕을 만난 맹자는 왕에게 바로 이것이 왕께서 사람을 살리는 정치, 즉 인한 정치를 베풀어 천하를 품을 수 있는 가능성을 드러낸 사건이라고 말한다. 그 비난 여론 때문에 조금 의기소침해진 왕에게는 혹할 수밖에 없는 말이었다. 왕은 흥미를 느끼고 그 까닭을 묻는다. 맹자는 왕이 흔종으로 쓸 소가 끌려가는 장면을 목격했다는 데 주목한다. 왕은 어느 날 우연히 흔종에 쓰이기 위해 끌려가는 소가 두려워 덜덜 떠는 모습을 보게 되었다. 아무 죄도 없는 소가 본능적으로 자신이 죽을 곳으로 끌려간다는 걸 알고 두려워 떤 것이다. 그 모습을 본 왕은 대뜸 소를 놔주라고 명했다. 소를 끌고 가던 신하가 그럼 흔종 의식을 취소하느냐고 물으니 그럴 수는 없고 양으로 대신하라고 명해 소를 양으로 바꾼 것이다. 맹자는 이 사건에서 그 모습을 '차마 보지 못한' 왕의 마음을 발견한다. 죄 없이 죽을 곳으로 끌려가는 소가 두려워하는 모습을 불쌍하게 여길 줄 아는 마음은 측은지심, 즉 인의 가능성인 것이다.

맹자는 〈진심(盡心) 상〉 편에서 이렇게 말했다.

"먼저 부모와 혈육을 친밀하게 아끼고 사랑하고, 그 마음을 확장해 다른 사람까지 아끼고 사랑하고, 다른 사람을 아끼고 사랑하는 그 마음을 확장해 만물을 소중히 여기는 것입니다."

親親而仁民, 仁民而愛物.

친(親), 인(仁), 애(愛)는 모두 한마디로 하면 사랑으로 인에 해당한다. 다만 대상에 따라 구분이 될 뿐이다. 지금 제선왕은 애물(愛物) 할 줄 아는 마음의 단서를 내보인 것이다. 맹자는 여기서 왕의 가능성을 보았다. 그래서 맹자는 왕에게 말한다.

"이것이 바로 인을 하는 방법입니다. 소는 이미 보았고 양은 아직 보지 못했기 때문에 그렇게 하신 것입니다. 제대로 배워 생명의 감수성을 배우고 체득한 자들은 짐승이 살아 있는 것을 보고는 그것이 죽는 것을 차마 보지 못하고 그 울음소리를 듣고는 그 고기를 차마 먹지 못합니다."

是乃仁術也, 見牛未見羊也. 君子之於禽獸也, 見其生, 不忍見其死; 聞其聲, 不忍食其肉. **양혜왕 상**

왕은 이 마음이 그렇게 대단한 것인 줄 몰랐는데(누구라도 그렇게 생각하지 않을까? 이 정도 마음이 무슨 대수라고?), 맹자가 이 마음이면 힘으로 굴복시키는 패자가 아니라 바른 덕으로 천하를 품는 왕자(王者)가 될 수 있다고 하니, 궁금증이 증폭되었다(이 얘기를 같이 듣는 우리도 궁금할 지경). 까닭을 좀 더 자세히 묻는다. 맹자의 대답이 흥미롭다.

"왕께 어떤 사람이 말하기를, '저에게는 1.5톤쯤 되는 아주 무거운 것을 충분히 들 수 있는 힘이 있는데, 깃털 하나는 들지 못하겠습니다' 하거나 '저는 짐승의 아주 가는 털 끝도 볼 수 있는 시력이 있는데, 쌓아 놓은 짚가리는 보이지 않습니다' 하면 왕께서는 인정하시겠습니까?"

有復於王者曰: 吾力足以擧百鈞, 而不足以擧一羽; 明足以察秋毫之末, 而不見輿薪, 則王許之乎?

당연히 '아니'라고 말하는 왕에게 맹자는 이어 말한다.

"지금 왕의 은혜가 동물에게도 충분히 베풀어지는데 백성들에게 가닿지 않는 것은 유독 어째서입니까? 깃털 하나를 들지 못하는 것은 힘을 쓰지 않아서이고 쌓아 놓은 짚가리를 보지 못하는 것은 시력을 쓰지 않아서입니다. 마찬가지로 백성들이 아낌과 보호를 받지 못하는 것은 은혜를 베풀 수 있는 그 마음을 쓰지 않아서입니다. 그러니 왕께서 바른 덕으로 천하를 품는 왕자가 되지 못하는 것은 하지 않는 것이지, 하지 못하는 것이 아닙니다."

今恩足以及禽獸, 而功不至於百姓者, 獨何與? 然則一羽之不擧, 爲不用力焉; 輿薪之不見, 爲不用明焉, 百姓之不見保, 爲不用恩焉. 故王之不王, 不爲也, 非不能也.

인간이라면 누구나 갖는 측은지심이 왕에게도 있어 나타난 것인데, 왕은 다만 그것을 발견하고 인식해서 넓히고 채우지 않았을 뿐이라는 것이다. 그래서 동물에게도 베풀 수 있는 사랑이 백성에게는 가닿지 못하고 있는 것이라 설명한다. 왕은 이제 이미 가지고 있는, 불쌍한 것을 측은히 볼 줄 아는 마음, 그 마음을 확장하면 될 뿐이었다. 어쩌면 왕은 좋은 혈통을 타고나 좋은 곳에서 먹고 입고 자고 높임을 받으며 살아서 아프고 고통스럽고 배고픔에 시달리는 평범한 백성들이 그의 삶에서 너무 멀리 있기 때문에 인한 정치를 베풀 생각을 못 하는 것일 수도 있다. 소가 그랬듯 까닭 없는 죽음이 싫어 처절하게 눈물 흘리는 백성이 궁궐 담장 하나 넘으면 즐비하게 펼쳐져 있는데, 그래서 직접 곁에서 본다면 양과 바꾸어 주고 싶은 마음이 수백 수천 번 들 수도 있는데, 그저 그 비통함이 늘 눈에 밟히는 것은 아니어서, 그 처절한 울음이 늘 귓가에 이명처럼 울리는 것은 아니어서, 훨씬 가까이 있는 내 이익을 위해 슬쩍 눈감아 버린 것일지도 모른다.

이후 제선왕은 맹자를 시험이라도 하듯 천하를 덕으로 통일할 만한 수준 높은 그릇이 아닌 자신의 특성을 밝힌다. 이런데도 자신이 패자가 아니라 맹자가 바라는 인한 정치를 베푸는 참다운 왕이 될 수 있겠느냐는 것이다. 그러나 맹자는 막힘없이 대화를 풀어 가며 설득한다. 맹자의 말주변은 참으로 놀랍다. 《맹자》를 읽다 보면 내용도 대단하지만 어쩌면 말을 이렇게 잘하는가 절로 감탄하게 된다. 말 잘하기를 원하는 사람이라면 꼭 한번 《맹자》를 읽어 볼 것을 권한다. 먼저 음악의 수준에 대한 대화가 등장한다. 제선왕은 자신이 훌륭한 선왕들의 고아한 음악을 좋아하지 못하고 대중음악만 좋아한다고 수줍게 말한다. 그러나 맹자는 대중음악이 아니라 '음악' 자체에 집중한다. 그래서 왕이 음악을 좋아한다면 나라가 곧 잘 다스려질 거라고 답한다. 핵심은 어떤 종류의 음악이냐가 아니라 누구와 즐기는 음악이냐 하는 것이다.

"지금 왕께서 여기서 음악회를 열었다고 합시다. 백성이 왕의 음악회에서 나는 온갖 악기 소리를 듣고 이맛살을 찌푸리며 서로서로 말하기를, '우리 왕이 음악을 좋아함이여! 어째서 우리가 이 지경이 되도록 부모 자식과 형제들과 처자식이 서로 뿔뿔이 흩어져 만나지 못하게 하는가?' 합니다. …이는 다름이 아니라 백성과 즐거움을 함께하지 않기 때문입니다.
그런데 또 왕이 여기서 음악회를 열었다고 합시다. 백성이 왕의 음악회에서 나는 온갖 악기 소리를 듣고 모두 얼굴에 희색이 만면하여 서로서로 말하기를, '우리 왕이 병에 걸리지 않고 건강하신가 보다. 이렇게 연주회를 여실 수 있는 걸 보면.'이라고 합니다. …이는 다름이 아니라 백성과 즐거움을 함께하기 때문입니다. 이제 왕께서 백성과 즐거움을 함께하신다면 백성의 마음을 얻는 왕자가 될 것입니다."

今王鼓樂於此, 百姓聞王鍾鼓之聲, 管籥之音, 擧疾首蹙頞而相告曰: 吾王之好鼓樂! 夫何使我至於此極也, 父子不相見, 兄弟妻子離散? …此無他, 不與民同樂也.

今王鼓樂於此, 百姓聞王鐘鼓之聲, 管籥之音, 舉欣欣然有喜色而相告曰: 吾王庶幾無疾病與? 何以能鼓樂也? …此無他, 與民同樂也.

今王與百姓同樂, 則王矣. 양혜왕 하

어떤 음악을 좋아하느냐는 전혀 중요하지 않다. 중요한 것은 그것을 백성과 함께 즐기고 있느냐 여부일 뿐이다. 정치가 망가지고 정책이 엉망이어서 나라 사람들이 삶을 제대로 영위하지 못하고 있는데, 지도자가 어떤 클래식이든 재즈든 대중음악이든 화려한 연주회를 열고 즐긴다고 치자. 사람들이 그 연주회를 곱게 볼 수 있겠는가? 그 돈으로 우리 먹을 거나 좀 챙겨 주지 하는 원망부터 하지 않겠는가. 음악을 즐기는 왕이 꼴도 보기 싫을 것이다. 이미 꼴도 보기 싫은 왕이라면 클래식이 아니라 클래식 할아버지를 듣는대도 백성들에게 그 음악은 듣는 즉시 속에서 욕지기가 치밀어 오르는 소음 이상이 될 수 없다. 그래서 위 본문의 핵심 구절은 백성과 즐거움을 함께한다는 뜻의 '여민동락(與民同樂)'에 있다. 《세종실록》 〈악보〉에 실려 있는 '여민락(與民樂)'이라는 음악이 바로 이 구절에서 제목을 따온 것이다. 조선을 어떤 나라로 만들어 갈 것인지에 대한 세종의 꿈이 잘 드러나 보이는 제목이다.

어떤 음악이든 왕이 되는 데 하등 문제 될 것 없다는 말을 듣자 제선왕은 또 자신의 다른 욕망을 슬쩍 내보인다. 그에게는 꽤 큰 정원이 있었던 모양이다. 그게 백성들에게 비난을 샀던 것 같다. 하지만 왕이라면 이 정도는 누릴 수 있는 것 아니냐 스스로 생각하며 그러한 특별한 권리를 인정받고 싶어 했다. 그래서 옛날의 훌륭한 왕들도 이 정도는 누렸다는 말을 듣고자 성군으로 명성이 자자했던 문왕(文王)의 예를 들어 질문한다.

"성군이라 일컫는 문왕은 방(方) 70리 되는 규모의 왕실 정원을 가지고 있었다고 하는데, 정말 그렇습니까?"
文王之囿方七十里, 有諸? 양혜왕 하

방 70리 되는 규모면 거의 도시 하나 만한 크기이다. 굉장한 크기다. 그런데 맹자는 그런 사실이 있다고, 그런데 백성들은 그것조차 작다고 여겼다고 대답했다. 제선왕으로서는 어떻게 그럴 수 있는지 궁금할 수밖에 없다. 그의 정원은 방 40리 크기로 문왕의 정원 절반쯤인데도 백성에게 비난을 받았기 때문이다. 맹자는 설명을 이어 갔다.

"문왕의 방 70리 되는 정원에는 꿀과 땔감을 구하는 사람도, 꿩이나 토끼를 잡는 사람도 드나들었습니다. 백성과 함께한 것이지요. 그러니 백성들이 작게 여긴 게 또한 마땅하지 않겠습니까? 제가 이 나라 국경에 막 다다랐을 때 중요한 국법이나 주의점 등을 먼저 듣고 들어왔습니다. 그런데 제가 듣기로 교외의 관문 안에 방 40리 되는 정원이 있는데, 그곳의 사슴 등을 죽이는 자는 살인죄로 다스린다고 했습니다. 그렇다면 나라 안에 방 40리 되는 함정을 파 놓은 것이니 백성들이 크다고 여기는 것이 또한 합당하지 않겠습니까?"

文王之囿方七十里, 芻蕘者往焉, 雉兔者往焉, 與民同之. 民以爲小, 不亦宜乎? 臣始至於境, 問國之大禁, 然後敢入. 臣聞郊關之內有囿方四十里, 殺其麋鹿者, 如殺人之罪. 則是方四十里, 爲阱於國中, 民以爲大, 不亦宜乎?

위 본문을 읽어 보면 바로 드러나지만 핵심은 앞서 말한 음악과 같다. 백성과 함께했느냐의 여부, 백성과 함께하기만 한다면 뭘 해도 괜찮다는 것이다. 백성과 함께한다는 건, 이런 것들을 누리고 싶어 하는 내 마음을 미루어 사람이라면 누구나 이런 것들을 누리고 싶어 하는 마음이 있다는 것을 알아 그것들을 누리며 살 수 있게 하는 것이다. 즐거움은 함께하면 배가 되고 슬픔은 나누면 반이 된다. 이 원칙을 정확히 정치에 적용하는 것이다. 앞서 음악에 대해 이야기 나눌 때 맹자는 먼저 제선왕에게 질문했다. '음악을 혼자 즐기는 것이 즐거운가, 함께 즐기는 것이 더 즐거운가? 소수와 즐기는 것이 즐거운가, 다수와 함께 즐기는 것이 더 즐거운가?' 제선왕은 대답했다. 혼자보다는 함께하는 게 더 즐겁고, 소수보다는 다수와 함께하는 게 더 즐겁다고. 이렇게 답했다면 맹자가 보기에 훌륭한 정치가 무엇인가에 대한 답을 제선왕은 이미 알고 있는 것이었다.

이후로 제선왕은 자신은 재산을 좋아한다, 여자를 좋아한다 등 백성을 먼저 생각하는 훌륭한 왕이 되기에는 부족한 점을 말하며 맹자의 설득을 피해 가려 했지만 맹자를 항복시킬 길을 찾을 수는 없었다. 맹자는 다 좋다, 다 괜찮다고 답했기 때문이다. 그저 백성과 그 마음을 함께해서 백성도 누릴 수 있게만 하면 된다고 말했다. 내가 하고 싶다면 남도 하고 싶을 것이고, 내가 갖고 싶다면 남도 갖고 싶을 것이며, 내가 겪기 싫은 일이라면 남도 겪기 싫을 것이다. 왕과 백성이기 이전에 모두 인간이다. 그렇다면 좋고 싫은 것이 위치가 다르다고 하여 다르지는 않을 것이다. 인을 하는 것은 어렵지 않다. 내 마음을 미루어서 타인의 마음을 헤아리면 된다. 이것을 유학에서는 '서(恕)'라고 한다. 앞서 제선왕의 흔종 사건을 말하면서 맹자는 이런 간언을 덧붙였다.

"저울에 올려놓은 뒤에야 정확한 무게를 알고, 자로 재어 본 뒤에야 정확한 길이를 알 수 있습니다. 세상 만물이 다 그러한데 마음은 그 정도가 특히 더 심합니다. 왕께서는 부디 잘 헤아리시기 바랍니다."

權, 然後知輕重; 度, 然後知長短. 物皆然, 心爲甚. 王請度之.

양혜왕 상

'서'는 다른 표현으로 혈구지도(絜矩之道)라고도 하는데, 絜(혈)은 '헤아리다, 재다', 矩(구)는 직각자로, 내가 싫었던 것을 남에게 하게 하지 않는 것, 내 마음을 미루어 다른 사람의 마음을 헤아리는 것을 말한다. 위 구절의 저울[權]과 자[度]를 혈구지도로 보는 견해도 있다. 끊임없이 저울질하고 자질해도 사물을 정확히 파악하기 어려운데 사람의 마음이야 오죽하겠는가? 지속적으로 나를 성찰하고 그것으로 타인을 미루어 이해하고 베풀려는 노력을, 백성을 바라보는 노력을 멈추어서는 안 된다고 말하는 것이다. 바른 지도자가 되는 길은 대단하고 특별한 것이 아니다. 그저 백성 위에 군림해서 네 것도 내 것, 내 것은 내 것이라는 관점에서 그들을 부리는 것이 아니라 내 마음을 미루어 백성을 헤아리는 것, 그것이면 된다.

그런데 여기서 조금 궁금해지는 것이 있다. 맹자는 왕이 나라의 주인이던 시대에 어떻게 이렇게 백성을 중히 여길 수 있었을까? 왜 이렇게 백성을 중히 여겼을까? 얼핏 보면 나라의 주인은 왕과 권력자들인 것 같다. 하지만 그런 지배자들은 서로 싸우다 몰락하기도 하고 나라 자체가 새로 들어서기도 한다. 그러나 그 땅에 사는 민초, 백성들은 바뀌는 법이 없다. 그래서 지도자들은 권좌에 있는 동안 흔히 자신이 이들을 부린다고 생각하지만 사실 한 발짝만 떨어져서 보면 이들이 지도자를 실어 주고 있는 셈이다. 맹자는 이것을 간파한 것이다. 그래서 나라의 주인은 백성이라는 파격적인 민본사상을 내놓았다.

"나라에서 국민이 가장 귀하고, 나라의 정통성이 그다음이고, 지도자는 중요성이 가장 덜한 것입니다. 그래서 국민의 마음을 얻는 자는 정통성 있는 지도자가 되고, 지도자의 마음을 얻은 자는 장차관급 인사가 되고, 장차관급 인사에게 마음을 얻은 사람은 그 소속 고위직에 임명될 수 있습니다."

孟子曰: 民爲貴, 社稷次之, 君爲輕. 是故得乎丘民而爲天子, 得乎天子爲諸侯, 得乎諸侯爲大夫. 진심 하

백성이 왕을 싣고 있어서 왕이 되는 것이라면 백성이 엎어 버리고 싣기를 거부하면 왕은 더 이상 왕일 수 없다. 은나라 마지막 왕인 주(紂)와 새로 주나라를 건국한 무왕(武王)의 관계에 대해 제선왕이 질문한 내용이 흥미롭다. 주왕은 대단한 폭군이었다. 때문에 백성이 학정에 시달리자 참다못한 무왕이 마침내 거사하여 그를 권좌에서 끌어내리고 새로 주나라를 건국했다. 그래서 무왕은 성인으로 추앙받는데, 사실 무왕은 주나라를 건국하기 전에는, 그러니까 거사를 하기 전에는 은나라 백성, 곧 주왕의 신하였다. 주왕의 입장에서 보자면 무왕은 반역자인 셈이다. 제선왕은 바로 이 점을 질문했다.

"신하가 제 주군을 죽여도 됩니까? 새 나라를 연 임금이 아니라 옛 나라의 반역자들 아니냔 말씀이죠."

이에 대해 맹자는 아주 놀라운 답을 들려준다.

"사람이 사람을 아끼고 사랑하는 길을 파괴하는 자를 '사람을 해치는 자'라고 하고, 사람이라면 걸어야 할 마땅한 길을 파괴하는 자를 '사람을 망가뜨리는 자'라고 합니다. 그리고 그렇게 사람을 해치고 망가뜨리는 자를 '뭣도 아닌 일개 필부'라고 하죠. 주(紂)라는 뭣도 아닌 일개 필부를 처단했다는 말을 들어 보았지만 군주를 시해했다는 말은 들어 보지 못했습니다."

曰: 臣弑其君可乎?

曰: 賊仁者, 謂之賊; 賊義者, 謂之殘. 殘賊之人, 謂之一夫. 聞誅一夫紂矣, 未聞弑君也. **양혜왕 하**

파격 그 자체다. 아무리 폭군이라도 주왕은 일단 천자였다. 누구도 넘볼 수 없는 당시 최고의 자리에 있던 존재였다. 그런데 그런 이를 향해 '뭣도 아닌 일개 필부'라 단언한다. 어떻게 그럴 수 있었을까? 천자라는 지위를 새롭게 파악한 때문이다. 사람을 아끼고 사랑하는 자를 파괴한다는 것은 곧 인을 파괴한다는 뜻이고, 사람이 걸어야 할 마땅한 길을 파괴한다는 건 곧 의를 파괴한다는 뜻이다. 인과 의를 망치는 자가 얼마나 나쁜가라고 하면 감이 잘 오지 않는데, 사람을 해치고 망가뜨리는 자라고 하면 분명하게 감이 온다. 사람을 해치고 망가뜨리는 자를 나라의 지도자로 둘 수 있을까? 그건 절대 불가능하다. 그런 사람 곁에는 사람이 남지 못한다. 남을 수가 없다. 신하가 떠나고 가족이 떠나고 친구가 떠나고 백성이, 국민이 떠난다. 나와 내 가족, 이웃, 내 사랑하는 이들을 망가뜨리는 자를 더 이상 싣고 있을 이유를 찾을 수 없는 것이다. 인과 의를 해치는 지도자는 그렇게 뭣도 아닌 그저 한 개인, 일개 필부로 남게 되는 것이다. 혈구지도를 잊어서 인과 의를 실행하지 못하는 지도자는 결국 국민이 그 자리를 뒤엎는다. 지도자는 어떻게 지도자의 자리에 설 수 있는지, 그 본질을 정확히 간파한 것이 맹자의 민본사상이다. 당시 민본을 주창한 사상가는 맹자가 유일한데, 지금도 이 원리는 만고의 진리이면서 동시에 지도자나 권력자들에게 쉬이 잊히는 진리이기도 하다. 여기서 한 걸음 더 크게 나아간 것이 민주주의인데, 지배 권력은 이것을 얼마나 더 받아들이기 어렵겠는가.

인간의 본성은 선합니다

전쟁으로 피폐해지고 있는 세상, 먹든지 먹히든지 그 존망의 기로에 서서 군비 확장에 여념이 없는 나라에 가서 오직 인과 의가 있을 뿐이라고 말한 맹자는 멀리서 보면 현실감각이 전혀 없는 이상주의자 같다. 그러나 여기까지 나라의 운영 원리와 지도자의 덕목에 관한 맹자의 이야기를 들으며 오는 동안 몇 번이고 '맞아, 맞아!' '그렇지, 그래!' 하며 무릎을 치지 않았을까? 맹자가 정말로 현실감각이 완전히 결여된 이상주의자였다면 우리는 그의 말에 전혀 동조할 수 없을 것이다. 하지만 맹자는 분명 우리를 동조하게 만드는 면이 있다. 어떤 점에서 우리는 흔들렸을까?

결국 세상을 변화시키는 주체는 인간일 수밖에 없는데, 맹자는 그 가능성을 소수의 특별한 사람만 타고난다고 보지도 않았고, 안 되는 걸 억지로 교육해서 만들어야 한다고 보지도 않았다. 그저 평범한 일상의 예에서 인간 모두에게 잠재해 있는 선(善)의 가능성을 들여다보게 했다. 앞서 내내 들어 온 맹자의 말은 논리적으로 어긋난 부분이 없다. 인간이면 누구에게나 있는 마음, 그거 하나 발견해서 내 옆에 있는 너에게, 이웃에게, 공동체에게 넓혀 가자는 것 아닌가. 특별한 누구한테만 있는 게 아니니 누구나 할 수 있고, 교육을 통해 억지로 빚어내야만 하는 게 아니니 조금만 노력하면 수월하게 끌어낼 수 있다. 누군가의 따스함이 오늘 나에게 세상은 아직 살 만한 곳이라 말하게 하지 않는가. 그리고 나도 누군가에게 희망까지는 못 되어도 미소 한번 짓게 해 주자, 절망은 되지 말자 결심하게 되지 않는가. 맹자의 힘은 여기에 있다.

맹자가 어떤 사람이냐고 묻는다면 무엇보다 세상을 바꾸고 싶어 한 정치철학자라고 소개할 수 있다. 그러나 강연이나 방송에서 '맹자'를 말하면 사람들은 대개 그를 정치철학자보다는 인간의 본성이 선하다고 말한 성선설(性善說)의 주창자로 기억할 때가 많다. 그러고는 종종 "선생님도 정말 인간이 선하다고 생각하세요?" "성선설이 맞을까요?" 하면서 성선부터 질문하곤 한다. 인간의 본성에 대해 어떻게 생각하는가? 인간은 어떤 본성을 가졌다고 생각하는가? 인간의 본성은 선할까?

성선설에 대해 대부분 사람은 부정적인 반응을 보인다. 아무래도 그건 아닌 것 같다고 말한다. 세상 돌아가는 걸 볼 때 도저히 인간이 선하다고 말할 수 없다는 것이다. 개인적으로 봐도 나이가 들고 사람을 겪을수록 처음부터 끝까지 한결같이 행동하면서 신뢰를 주는 사람보다는 상황에 따라 표변하는 사람을 더 많이 만나는 것도 같다. 그렇게 변하고서 차라리 미안하다, 어쩔 수 없었다, 솔직히 말하기라도 하면 용서의 여지나 있을 텐데 순식간에 자신의 행동을 합리화하고서는 뻔뻔하게 얼굴을 들고 되레 뭐가 문제냐고 따질 때면 정말 당황스럽다. 그러나 반대로 생각해 보자. "음, 내가 널 겪어 보니까 성악설(性惡說)이 맞는 것 같아." 누군가 내게 이렇게 말한다면 어떨까? 절교하자는 뜻이겠지. 도저히 참아 넘길 수가 없을 것이다. 그러나 내가 당할 때는 속상하지만 사실 나도 누군가에게 그런 사람일지도 모르지 않는가? 나만은 아니라고 기어이 생각하고 싶은 것 자체가 인간은 선하지 않다는 증거일지도 모른다. 이런 인간들이 모여 만든 세상이 또한 선할 리 없다. 갑질과 돈과 권력을 숭배하는 세상의 풍속도는 보기 민망할 정도다. 나라와 나라 사이도 불안해서 전쟁의 소문이 끊이지 않고, 인간 대 자연의 관계도 망가져서 전 지구적으로 환경 위기를 겪고 있다. 인간만 사라지면 지구는 평화로울 거라는 말에 대다수의 사람이 고개를 끄덕인다. 이런데도 인간이 선할까?

맹자는 감동적인 면모가 많이 있지만 그중에서도 참 위대하게 느껴지는 게 인간의 본성을 선하다고 주장한 점이다. 전쟁이 끊이지 않고 힘을 가진 자의 욕망이 세계를 지배하며 사람 목숨을 조금도 귀하게 여기지 않던 시대의 복판을 살았으면서도 어떻게 인간의 본성이 선하다고 말할 수 있었을까?

인간 본성에 대한 견해는 맹자만 밝힌 게 아니다. 춘추전국시대 자체가 인간의 본성을 궁금해하던 시대였다. 춘추시대에 열린 혼란은 수습되는 방향이 아니라 더욱 짙어지는 방향으로 나아가 전국시대로 이어졌다. 죽고 죽이는 시대를 500년 넘게 겪다 보니 인간은 대체 어떤 존재이기에 세상을 이렇게까지 만드는가 궁금하기도 했을 것이다. 그리고 주요하게는 사회가 변화했다. 그 이전 주나라까지는 종법제(宗法制)라고 해서 씨족 중심의 혈연집단으로 사회가 구성되어 흘러갔다면 춘추시대를 지나 전국시대에 이르면서 이 체제가 해체되기 시작했다. 각국의 제후들이 주나라 왕실에서 독립을 하고 서로 경쟁하면서 더 큰 힘을 갖기 위해 토지를 개간하고 백성을 강제로 이주시키면서 한곳에서 대대로 살아가던 삶의 형태가 붕괴된 것이다. 사회 기본 단위가 씨족 중심에서 소규모 가족으로 혹은 더 나아가 개인으로 변화했다. 예전에는 씨족에 묻혀 개인이 보이지 않았지만 이제 소규모 단위 혹은 개인이 보이는 시대가 되다 보니 통치자 처지에서도 자신이 다스려야 하는 사람들, 인간이란 존재를 이해할 필요가 생겼다. 그래서 전국시대가 되면 인간에 대한 근본적인 질문, 즉 본성론이 활발하게 논의되기 시작한다. 제자인 공도자(公都子)가 스승인 맹자에게 본성에 대해 질문하면서 당시의 주류 본성론에 대해 간략하게 정리해서 말하는 장면이 있다.

"고자(告子)는 말하기를, '본성은 선함도 없고 불선함도 없다'라고 했고, 다른 이는 '본성은 선을 할 수도 있고 불선을 할 수도 있으니, 문왕과 무왕 같은 성군이 집권하면 백성이 선을 좋아하고, 유왕(幽王)과 여왕(厲王) 같은 폭군이 집권하면 백성이 포악함을 좋아한다.' 했으며, 또 다른 이는 말하기를, '본성이 선한 이도 있고 본성이 불선한 이도 있다. 그렇기 때문에 요임금 같은 성인이 군주가 되었는데도 상(象)과 같은 악인이 있었고, 고수(瞽瞍) 같은 자가 아버지가 되었는데도 순(舜)과 같은 선한 아들이 있었으며, 주와 같은 폭군이 형의 아들이고 또 군주였는데도 미자계(微子啟)와 왕자 비간(比干) 같은 충신이 있었다.' 하였습니다. 그런데 이제 선생님께서는 '본성은 선하다'라고 하시니, 그렇다면 저들은 모두 틀린 것입니까?"

公都子曰: 告子曰: 性無善無不善也. 或曰: 性可以爲善, 可以爲不善. 是故文武興, 則民好善; 幽厲興, 則民好暴. 或曰: 有性善, 有性不善. 是故以堯爲君, 而有象, 以瞽瞍爲父, 而有舜, 以紂爲兄之子且以爲君, 而有微子啟王子比干. 今曰性善, 然則彼皆非與? 고자상

먼저 고자가 말한 본성론은 성무선무악설(性無善無惡說)이다. 애초에 선이나 악이 있지 않다는 주장이다. 실제로 맹자가 고자와 토론하는 부분에서 이 내용이 나온다. 고

자는 본성을 식욕과 성욕처럼 타고난 것으로 애초에 선악과 관련이 없다고 본다. 그리고 이어 나온, 본성은 선을 할 수도 있고 불선을 할 수도 있다는 성가선가악설(性可善可惡說)은 환경과 상황 혹은 학습에 영향을 받아 본성이 움직인다는 주장이고, 성유선유악설(性有善有惡說)은 본성은 질적으로 아예 다르게 타고난다는 주장이다. 다 맞는 말 같다. 실제 예로 든 것을 봐도 그렇다.

확실히 선과 악의 행동 양상을 보면 유행을 타는 면이 있는 것 같기도 하고 시대의 흐름에 편승하는 면이 있는 것 같다. 그러나 또 한편으로는 '모두가 '예' 할 때 '아니오'를 말하고 모두가 '아니오' 할 때 '예'를 말하는 사람이 있는 것처럼 적당한 불의의 짬짜미로 이득을 얻고서 그것을 당연한 것으로 받아들이는 환경에 있으면서도 작은 불의도 좌시하지 않고 지적하며 절대 기준의 선을 제시하는 사람이 있고, 모두가 선으로 인정하는 보편적 선의 개념과 기준이 있음에도 그 틈을 비집고 들어와 혐오와 배제를 말하며 정당한 규칙을 흔들어 놓는 사람이 있기도 하다. 이런 걸 보면 처음부터 선악의 지향을 어느 정도 타고나는 것으로 보이기도 한다.

공도자가 고자의 말에 대해서는 다른 두 가지 본성론과

달리 따로 설명을 덧붙이지 않았는데, 이는 이 본문 앞에 맹자와 고자가 본성에 대해 길게 토론하는 내용이 나와 있기 때문이다. 《맹자》에 고자의 본성론을 길게 다루며 토론한 내용을 자세히 실은 것으로 볼 때 고자의 본성론이 당시 가장 보편적인 본성론이었다고 추측해 볼 수 있다. 그렇다면 본성론에 대해 고자와 나눈 토론을 우리도 한번 자세히 들여다볼 필요가 있을 것이다. 고자가 먼저 이렇게 말했다.

"이를테면 사람의 본성이란 버들가지와 같고, 사람의 옳은 도리란 그 버들가지로 만든 그릇과 같습니다. 사람의 본성으로 인과 의를 하는 것은 버드나무를 굽히고 엮어 그릇을 만드는 것과 같은 것입니다."
性, 猶杞柳也; 義, 猶桮棬也. 以人性爲仁義, 猶以杞柳爲桮棬.
고자상

맹자는 이렇게 답했다.

"그대는 버들가지의 본래 성질 그대로 그릇을 만들 수 있습니까? 버들가지를 꺾고 휘어 상하게 한 뒤에야 그릇을 만들 수 있습니다. 만일 꺾고 휘어 상하게 해야 그릇을 만들 수 있다고 한다면 사람을 억지로 뒤틀어 상하게 해야 사람이 사람을 사랑하고[仁] 사람의 옳은 도리를 행할[義] 수 있다는 것입니까? 온 세상 사람을 끌어다가 사람을 사랑하고 사람의 옳은 도리를 행하는 걸 사람이 못할 짓으로 만드는 게 바로 그대의 이론일 것입니다!"

子能順杞柳之性而以爲桮棬乎? 將戕賊杞柳而後以爲桮棬也. 如將戕賊杞柳而以爲桮棬, 則亦將戕賊人以爲仁義與? 率天下之人而禍仁義者, 必子之言夫!

맹자는 정말로 말을 잘한다. 고자의 말을 들을 때만 해도 '그런가?' 하며 인과 의가 사람에게 자연스럽지 못한 점도 있는 것 같다고 생각했는데, 맹자의 말을 듣는 순간 '아! 그렇구나!' 절로 탄식하며 고자 이론의 허점을 정확히 파악하게 된다. 하지만 그대로 곧장 포기할 고자가 아니다. 다시 한번 다른 예를 들어 자신의 주장을 펼친다.

"본성이란 용출수와 같습니다. 동쪽으로 터놓으면 동쪽으로 흐르고, 서쪽으로 터놓으면 서쪽으로 흐릅니다. 사람 본성에 선과 불선의 구분이 없는 것이 마치 물이 동서로 정해진 방향이 없는 것과 같습니다."

性猶湍水也, 決諸東方則東流, 決諸西方則西流. 人性之無分於善不善也, 猶水之無分於東西也.

그럼 맹자는 뭐라고 답했을까?

"물의 흐름에는 정녕 동서의 구분이 없습니다만 상하의 구분도 없습니까? 사람의 본성이 선한 것은 물이 아래로 흐르는 것과 같습니다. 사람에게는 불선한 경우가 없고 물은 아래로 흐르지 않는 경우가 없습니다. 이제 물을 쳐서 튀어 오르게 하면 이마 위로까지 솟구치게 할 수 있겠지만 이것이 어찌 물의 본성이겠습니까? 바깥의 힘이 그렇게 한 것입니다. 사람을 불선하게 할 수 있지만 불선해지는 것 또한 이와 같은 것입니다."

水信無分於東西, 無分於上下乎? 人性之善也, 猶水之就下也. 人無有不善, 水無有不下. 今夫水, 搏而躍之, 可使過顙, 激而行之, 可使在山, 是豈水之性哉? 其勢則然也. 人之可使爲不善, 其性亦猶是也.

고자는 버들가지와 물의 입장에서는 외부 자극에 반응할 뿐이지 그 자체로 선하거나 악하거나 하는 일정한 성질을 가지고 있지 않다는 것을 말하려고 두 가지 예를 들었다. 그러나 맹자는 고자의 예를 오히려 외부의 자극이 본성을 제대로 발현되지 못하게 하고 왜곡되어 드러나게 하는 요인이 된다고 말하는 데 활용한다. 약간 허를 찔린 것도 같지만 여기서 멈추면 토론이라 할 수 없지. 이에 고자는 잘라 말한다.

"타고난 것을 본성이라고 합니다."
生之謂性.

여기에 대해 맹자가 타고난 것을 본성이라고 하는 것은 흰색을 흰색이라고 말하는 것과 같냐고 묻자 고자가 '그렇다'고 답한다. 그러자 맹자는 다시 그럼 깃털의 흰색과 흰 눈의 흰색이 같고, 흰 눈의 흰색이 흰 옥의 흰색과 같으냐고 묻고 고자는 역시 '그렇다'고 답한다. 이에 맹자는 이렇게 질문한다.

"그렇다면 개의 본성이 소의 본성과 같고, 소의 본성이 사람의 본성과 같단 말입니까?"

이렇게 물으면 할 말이 없다. 고자도 그랬는지 이후에 고자가 대답한 내용이 없다. 단어가 같다고 내용도 다 같다고 할 수 있나? 태어나 생(生)을 부여받은 것들은 모두 성(性), 즉 본성을 지닌다. 그렇다고 해서 그 모든 본성이 '본성'이라는 말 하나로 차이 없이 동일하게 묶일 수 있느냐 하는 것이다. 맹자는 그럴 수 없다고 보았다. 인간을 인간이게 하는 것은 이미 타고난 본성부터 다르다고 보았다. 고자는 이 대화 이후 승복할 수 없었는지 다시 한번 논쟁을 펼친다.

"식욕과 성욕이 본성입니다. 인은 내면에 있는 것이고 외면에 있는 것이 아니요, 의는 외면에 있는 것이고 내면에 있는 것이 아닙니다."
食色, 性也. 仁, 內也, 非外也. 義, 外也, 非內也.

이 대화를 보면 고자가 맹자의 인과 의를 문제 삼고 있음을 알 수 있다. 그리고 이 내용에 따르면 맹자는 인과 의가 인간이 배워서 습득하는 것이 아니라 날 때부터 가지고 있는 타고난 본성이라고 말했다는 것을 알 수 있다. 맹자가 주장한 성선은 달리 표현하면 인간은 인과 의의 본성을 가지고 태어난 존재라는 선언이라고 할 수 있겠다. 여기에서 우리는 고자에게 크게 동조할 수 있다. 실제로 우리가 인간의 본성이 선하다고 말할 때 '글쎄, 그건 좀 아닌 것 같은데…'라고 말하는 까닭은 고자의 말, '타고난 것을 본성이라고 합니다. 식욕과 성욕이 본성입니다.'라는 것과 생각의 궤를 같이하기 때문일 것이다. 우리는 본성이라고 하면 식욕과 성욕처럼 거스를 수 없는 무언가로 여기기 때문에 본성이 선하다고 한다면 인간은 오로지 선만 행해야 하거나 최소한 선으로 확연히 쏠려 있어야 맞지 않겠는가 생각한다. 확실히 고자의 본성론은 보편적인 면이 크다. 사람이 인과 의를 무려 본성으로 가지고 태어난다니!

논쟁 끝에 고자는 백번 양보해서 그래도 여기서 '사랑'이라고 번역할 수 있는 '인'에 대해서는 인정하는 자세를 보인다. 고자는 맹자와의 대화에서, 예를 들어 어떤 어린아이가 내 동생인 경우와 누군지도 모르는 남의 동생인 경우에는 예뻐하는 차원이 다를 수밖에 없고, 그렇게 되는 건 예뻐하는 기준이 철저히 내 안에 있는 것이니 인은 내부에 있다는 걸 인정한다고 했다. 그러나 '의'는 좀 아니지 않는가? '의로움, 원칙, 사람으로서 행해야 할 올바른 길의 실천'이 어떻게 본성인가? 그래서 고자는 인은 내면에 있는 것이지만 의는 외면에 있는 것, 즉 외부에서 환경으로든 상황으로든 학습으로든 강제해서 생기는 것이라고 보았다. 고자는 다음과 같은 예를 들어 의가 외부에 있다는 것을 주장한다.

"어떤 사람이 나보다 나이가 많을 때 내가 그를 어른 대접하는 것은 그가 나보다 나이가 많아서이지 내가 미리 어른 대접하는 마음을 가지고 있었던 게 아니지요. 이를테면 내가 어떤 걸 보고 '저거 흰색'이라고 말한다면 그건 그게 바깥으로 보기에 흰색이어서 흰색이라 하는 것과 같은 것입니다."

彼長而我長之, 非有長於我也. 猶彼白而我白之, 從其白於外也, 故謂之外也.

그러나 전혀 문제 될 게 없다는 듯 맹자는 이렇게 받아친다.

"백마를 희다고 하는 것은 백인을 희다고 하는 것이나 다를 것이 없는 게 맞습니다. 하지만 늙은 말을 나이 든 취급하는 것과 나이 든 이를 나이 든 취급하는 것도 차이가 없는 겁니까? 둘에 대해 우리가 같은 반응을 보입니까? 그러니까 나이가 많다는 것 자체가 사람의 옳은 도리[義]입니까, 아니면 나이가 많은 이를 어른 대접하는 게 사람의 옳은 도리입니까?"

(異於)白馬之白也, 無以異於白人之白也. 不識長馬之長也, 無以異於長人之長與? 且謂長者義乎, 長之者義乎?

하지만 여전히 받아들일 수 없는 고자는 또 다른 상황을 제시해서 자기주장을 펼친다.

"어떤 초나라 사람이 연장자일 때도 어른 대접을 하고 우리 집안 연장자에게도 어른 대접을 합니다. 이것은 연장자라는 걸 기준으로 도리를 다하는 기쁨을 삼은 겁니다. 그렇기 때문에 의는 외부에 있다고 한 것입니다."

長楚人之長, 亦長吾之長, 是以長爲悅者也, 故謂之外也.

고자의 이 말을 듣자 맹자는 오히려 고자가 타고난 본성이라 말했던 식욕을 가지고 문제를 제기한다.

"초나라 사람이 불고기를 좋아하는 것이나 내가 불고기를 좋아하는 것이나 다를 게 없습니다. 세상 모든 것에는 또한 그러한 점이 있습니다. 그렇다면 불고기를 좋아하는 것도 외부에 있는 겁니까?"

耆秦人之炙, 無以異於耆吾炙. 夫物則亦有然者也, 然則耆炙亦有外與?

불고기가 보편적으로 맛있는 음식이어서 외국인이나 나나 불고기를 좋아하는데, 불고기 자체가 맛있는 음식이어서 외국인이나 나나 좋아하는 것이라면 그 선호도는 내 내부에 있는 것이 아니라 불고기라는 외부 사물에 있는 것 아니겠느냐는 말이다. 식욕이 외부 음식의 맛에 자극 받아 일어난다면 그게 어떻게 타고나 저절로 그러한 본성이라고 할 수 있을까? 맹자는 고자가 의가 인간 내부에 원래 있는 것이 아니라 외부에 있다고 말하는 근거 그대로 식욕에도 적용될 수 있음을 말해서 그의 허를 찌른다.

맹자와 고자의 이 논쟁을 처음 읽었을 때 사실 머리가 하얘졌다. 논리를 따라가기조차 벅찼다. 도대체 무슨 소린지… 하지만 하나하나 가만 따져 보면 복잡하긴 해도 얼추 감을 잡을 수 있다. 인, 즉 사랑은 고자도 그렇지만 우리도 인간 내부에 원래 존재한다는 것에 동의할 만하다. 사랑은 본능에 가까운 것으로 원래 인간 안에 있어 마땅한 대상을 만나면 확실히 딱히 큰 노력 없이도 저절로, 때로는 거부하고 싶어도 그럴 수 없을 만큼 강렬하게 저절로 피어나는 것 같기 때문이다. 그러나 의, 그러니까 올바른 길의 실천이 어떻게 우리 내부에 본성으로 존재한다고 할 수 있을까? 올바르다는 기준은 외부에 있어 배워서 익혀 갖게 되는 특성이 아닐까?

고자의 말을 따라가며 고개를 끄덕이다가도 맹자의 말을 들으면 또 '그건 그렇네' 하게 된다. 어른을 대접하는 것이 올바른 행동인 건 맞다. 그런데 그렇게 행동하게 된 발원이 어디에 있을까? 쉬이 외부에 있다고 보기 쉽다. 고자가 인을 설명한 방식을 적용해 보면 우리 집 어른에 대한 어른 대접과 다른 지역 어른에 대한 어른 대접이 경중이 달라야 하는데, 어른 대접은 그런 점이 없다. 하지만 불고기의 예는 확실히 기가 막힌다. 저 대답을 듣고 있자면 전부까지는 인정하지 못한다 해도 확실히 의가 어느 만큼은 내 안에 이미 존재하는 것 아닌가 싶은 생각이 든다. 혼란은 보편성이라는 측면에서 일어난다. 입맛은 내 안에 있는 것이지만 사람 입맛은 보편성을 가지고 있다. 맹자는 이런 말을 하기도 했다.

"맛있다는 음식은 대개 모두 맛있다고 느끼죠. 역대급 셰프 역아(易牙)는 바로 그 입맛을 정확히 안 사람이죠. 입맛이 사람마다 다르다 해도 만약 개나 말의 입맛과 우리 입맛이 다른 정도로 달랐다면 어떻게 최고의 셰프라는 존재가 있을 수 있겠어요? 세상 사람들이 모두 그 셰프 식당에 굳이 예약을 잡고 꼭 먹어 보려 하는 것은 사람들 입맛이 서로 비슷하기 때문이죠.

귀도 마찬가지예요. 사람들은 모두 전설의 음악가 사광(師曠)의 음악을 좋아하고 그를 최고의 작곡가로 치죠. 이건 세상 사람들의 귀가 서로 비슷하기 때문이에요. 눈이라고 다르겠어요? 전설적인 미인 자도(子都)를 보고 그가 잘생겼다는 걸 모르는 사람이 없어요. 자도가 잘생겼는지 모르겠다고 하는 사람은 눈이 없는 거죠.

그래서 맛있는 건 누구에게나 맛있고, 좋은 음악은 누구에게나 좋고, 아름다운 얼굴은 누구에게나 아름다운 거라고들 합니다. 그런데 마음만 유독 안 그러겠어요? 마음이 똑같이 옳게 여기는 것이 무엇이겠습니까? 바로 하늘이 만물에 부여한 이치이고 사람이 행해야 할 올바른 도리입니다."

口之於味, 有同耆也. 易牙先得我口之所耆者也. 如使口之於味也, 其性與人殊, 若犬馬之與我不同類也, 則天下何耆皆從易牙之於味也? 至於味, 天下期於易牙, 是天下之口相似也.

惟耳亦然. 至於聲, 天下期於師曠, 是天下之耳相似也. 惟目亦然. 至於子都, 天下莫不知其姣也. 不知子都之姣者, 無目者也.

故曰: 口之於味也, 有同耆焉; 耳之於聲也, 有同聽焉; 目之於色也, 有同美焉. 至於心, 獨無所同然乎? 心之所同然者, 何也? 謂理也, 義也. 고자상

맛도 미적 기준도 모두 내 안에 있는 것이지만 나는 또한 보편성을 가진 존재여서 내 기호에는 보편성이 깃들어 있다. 그래서 이렇게 대화해 나가다 보면 선호도가 오롯이 내 것인지 외부에 있는 것인지 혼란스러운 것이다. 의도 마찬가지이다. 의롭다는 기준을 외부에서 설정해서 내가 그것을 따라 행동하고 있는 것처럼 보이지만 의가 오롯이 외부에 있다면 그것이 '의'라는 것은 어떻게 사람들의 동의를 얻어 설정된 것인가? 개인이나 소수의 몇 사람이 멋대로 옳음을, 정의를 세웠다면 다른 많은 사람이 그에 동의할 수는 없는 것 아닌가. 그런데 사람들이 정의, 옳음이

라고 판단하는 것이 대체로 유사한 양상을 보인다. 심지어 멀리 떨어진 지역이나 대륙도 큰 틀에서 보면 비슷하다. 이런 유사성이 어떻게 생겨났겠는가. 인간이란 종에게 이미 내재해 있는 의에 대한 보편성이 있기 때문이다. 의가 외부에 있는 것 같지만 사실 내 안에 있는 것으로 나는 판단한다. 그리고 그 판단에 따라 행동을 달리한다. 어떤 일에 대해 미묘한 결의 부딪힘이 생기는 것도 의를 실행하는 내 행동이 외부에 있는 게 아니라 내 안에서 일어나는 작용이기 때문에 벌어지는 현상이다.

처음 책을 시작하며 '왜 하필 이익을 말씀하십니까? 인과 의가 있을 뿐입니다.'라는 말을 마주했을 때 지금 세상을 사는 우리는 대부분 '이익'을 먼저 생각하는 게 인간의 본성에 가깝다고 생각했을 것이다. 인간의 욕망을 어떻게 막느냐고 늘 변명처럼 한숨처럼 읊조리는 게 우리 일상이지 않던가. 그래서 인과 의부터 말하고 보는 맹자가 생소하고 현실감 없어 보이기도 한다. 그런 세상이 있다면야 좋겠지만 인과 의는 인간의 본성에 반하기 때문에 억지로 학습하고 애써 훈련해야 겨우 가능할 것이고, 그마저도 이런 약육강식의 시대에는 거의 불가능할 거라는 확신에 가깝게 생각했을 것이다. 그러나 맹자는 자신 있게 말한다. '작은 이익' 따위가 아니라 아름다운 공존을 가능하게 하는 더 큰 이익, 즉 '인과 의'가 우리의 본성이라고, 그것을 판단하고 실현할 수 있는 씨앗은 인간에게 이미 주어져 있는 것이라고, 그래서 다른 세상은 충분히 가능하다고 말이다.

구하면 얻고 버리면 잃습니다

오늘도 뉴스를 켜면 끔찍한 범죄 사건을 어렵지 않게 볼 수 있다. 죄를 저지른 사람뿐이랴. 그런 범죄자를 심각하게 다루지 않는 경찰, 기어이 체포해서 검찰에 넘긴다 해도 역시 심각하게 다루지 않는 검찰, 기어이 법정에 세웠더라도 집행유예 혹은 무죄 등 솜방망이 판결을 하는 판사, 그래서 다시 일어나는 동종 범죄와 보복성 범죄들. 인간의 본성이 선하다면, 이런 현상은 왜 생기는 것이며, 인간이 만든 사회가 그다지 희망차거나 선해 보이지 않는 건 어째서일까? 성선론에 대해 우리가 늘 품었던 의문은 오늘도 여전히 유효해 보인다. 인간의 본성이 선하다면 인간은 왜 악을 행할까? 앞서 본성론에 대해 질문했던 공도자에게 들려준 답에서 그 힌트를 찾을 수 있을 것 같다.

"하늘로부터 타고난 본질[情]로 말하자면 선하다고 할 수 있다. 이것이 내가 선하다고 하는 것이다. 사람들이 선하지 않은 행동을 하는 것은 타고난 자질의 죄가 아니다. 측은지심을 사람이면 누구나 지니고 있고 수오지심을 사람이면 누구나 지니고 있으며 공경지심을 사람이면 누구나 지니고 있고 시비지심을 사람이면 누구나 지니고 있다. 측은지심은 인이고, 수오지심은 의이며, 공경지심은 예이고, 시비지심은 지이니, 인의예지가 외부에서 나에게 침투해 들어오는 것이 아니라 내가 본래 소유하고 있는 것인데, 생각하지 않아서 모를 뿐이다. 그러므로 말하기를, '구하면 얻고 버리면 잃는다'라고 말한 것이다. 이 때문에 사람들 간에 선악이 두 배 혹은 다섯 배 그 이상 차이가 나서 계산도 할 수 없을 정도가 되는 것은 그 타고난 재질을 다하지 못하기 때문이다.
《시경(詩經)》〈대아(大雅)〉의 '하늘이 백성을 낳다[증민(蒸民)]'라는 시에 보면, '하늘이 백성을 이 세상에 낳으면서 모든 사물에는 나름의 법칙이 있게 하셨네. 사람들은 윤리에 대한 감각이 있는지라 이 아름다운 내면의 가치를 좋아하는 도다.'라는 구절이 있으니, 공자께서는 이 시에 대해 '이 시를 지은 사람은 아마도 도를 알 것이다! 그러니 모든 사물에는 반드시 나름의 법칙이 있고, 그래서 사람들은 윤리에 대한 감각이 있기 때문에 이 아름다운 내면의 가치를 좋아한다.'라고 하셨다."

乃若其情, 則可以爲善矣, 乃所謂善也. 若夫爲不善, 非才之罪也. 惻隱之心, 人皆有之; 羞惡之心, 人皆有之; 恭敬之心, 人皆有之; 是非之心, 人皆有之. 惻隱之心, 仁也; 羞惡之心, 義也; 恭敬之心, 禮也; 是非之心, 智也. 仁義禮智, 非由外鑠我也, 我固有之也, 弗思耳矣. 故曰: 求則得之, 舍則失之. 或相倍蓰而無算者, 不能盡其才者也. 詩曰: 天生蒸民, 有物有則. 民之秉夷, 好是懿德. 孔子曰: 爲此詩者, 其知道乎! 故有物必有則, 民之秉夷也, 故好是懿德. 고자상

다시 한번 사단이 등장하고, 사단을 통해 알 수 있는 인의예지의 사덕이 인간의 본성이라 말한다. 그러면서 다만 그런데도 인간이 악을 행하는 것은 바탕이 악해서가 아니라 이 본성이 '구하면 얻고 버리면 잃는다'는 특성을 지니고 있기 때문이라고 설명한다. 이것은 식욕과 성욕처럼,

채워지지 않으면 생존할 수 없기 때문에 인간을 지배하는 속성과는 다르다. 그러니까 맹자가 말한 성선이라는 본성은 우리가 흔히 아는 생존 원리로서의 본성이 아니라 가치적 원리로서의 본성인 셈이다. 내가 내 자유의지로 실천하면서 그것이 내 안에 있다는 내재성을 깨닫는 본성이고, 그래서 이 본성은 발견해서 점점 성장시킬 수도 있고 잊은 채로 살거나 아예 모르고 살아 실천하지 못할 수도 있다. 타고나되 생각해야만 찾을 수 있는 본성인 셈이다.

세상에 존재하는 모든 물(物)에는 그것이 그것 되게 하는 고유한 법칙이 있다. 인간도 세상에 존재하는 물 중의 하나이다. 그렇다면 인간이 인간 되게 하는 고유한 법칙은 무엇일까? 맹자는 인간이 동물과 구분되는 가장 큰 차이점으로 '윤리에 대한 감각'을 들었다.

"사람이 짐승과 다른 것이 매우 드무니, 평범한 사람은 이것을 내버리고 군자는 보존한다. 순임금이 천지자연의 이치에 밝았는데 인륜을 특히 잘 살폈다. 그래서 인과 의를 따라 살았고 인과 의를 인위적으로 행하려 하지 않았다."

人之所以異於禽於獸者幾希, 庶民去之, 君子存之. 舜明於庶物, 察於人倫, 由仁義行, 非行仁義也. 이루 하

길짐승이든 날짐승이든 인간은 동물과 별로 다른 점이 없다. 그럼에도 인간을 인간이게 하는, 짐승과 다른 점을 꼽자면 인간은 인륜을 안다는 점을 들 수 있다. 순임금은 유학에서 가장 대단하게 치는 성인이다. 그런데 그가 성인일 수 있었던 까닭이 바로 인간 안에 동물과 인간을 다르게 하는 인간만의 고유한 본성, 즉 인과 의가 있다는 것을 발견했다는 점이다. 인과 의라는 윤리적 요소가 내 외부에 있는 것이어서 공부하고 훈련해서 내 안에 침투해 들어와서 갖게 되는 것이라면 인과 의를 행하려는 인위적 노력이 필요하다. 그러나 이것이 내 안에 이미 있는 것이라면 이것을 발견하고, 발견했거든 이것이 이끄는 대로 따라 살면 될 뿐이다. 그저 하나 안 것이 순임금이 위대한 성인이 되게 한 요인이었다. 다만 평범한 사람은 인간에게 이미 인과 의가 본성으로 내재해 있다는 것을 쉬이 눈치채지 못하기 때문에 인과 의가 애써 혹은 억지로 배워야 하는 것인 줄로 알아서 이미 내재되어 있는 것을 제대로 계발하지 못하고 되레 내버리는 잘못을 저지르는 것이다. 군자, 즉 제대로 배운 지성인이란 내 입에 풀칠하고 더 나아가 잘 먹고 잘사는 생존·생업의 기술을 배운 자가 아니라 바로 이 선한 본성이 인간 안에 있는 것을 알아서 그것을 보존할 줄 아는 자를 말한다.

매우 특별한 견해이다. 《맹자》을 처음 읽었을 때는 이 부분을 보며 그렇기도 하겠다 정도로 심상하게 보아 넘겼는데, 읽는 횟수가 늘수록 그래서 깊이 읽어 들어가면 갈수록 어떻게 이런 생각을 해냈지 하는 놀라움을 금치 못하게 되었다. 인간은 동물과 같은 존재로, 인간이 인간이게 하는 조건이 사람을 사람답게 사랑하고 정의롭고 올바르게 행동하는 힘이라니! 즉 인과 의를 행하지 않으면 인간은 짐승이지 인간이 아닌 것이다. 내가 인과 의를 실천하지 않고 산다면 나는 사람 탈을 쓴 짐승일 뿐이란 말이다. 인간으로 태어났다고 해서 어떻게 살아도 인간이 되고 인간 대접을 받을 수 있는 것은 아니다. 하지만 걱정할 필요는 없다. 그렇다고 인간이 인간답게 되는 것이 대단히 어려운 일은 또 아니다. 인간 되는 조건인 인가 의가 사람에게 이미 내재해 있으니 그대로 살아가기만 하면 된다. 다만 여기서 기억해야 할 것은 '생각'해야만 놓치지 않고 찾아낼 수 있고 잃어버리지 않고 그대로 살아갈 수 있다는 점이다. 맹자는 '생각'을 매우 강조한다.

"눈과 귀 같은 기관은 생각하지 못하는 기관이어서 외물

(外物)에 가려지니 외물과 서로 부딪히다 보면 거기 끌려다닐 뿐이다. 마음은 생각하는 기관이다. 생각하면 얻고 생각하지 않으면 얻지 못한다. 이것은 하늘이 우리에게 부여해 준 것이니 먼저 큰 것을 세우면 작은 것이 빼앗을 수 없을 것이다."

耳目之官, 不思而蔽於物. 物交物, 則引之而已矣. 心之官則思, 思則得之, 不思則不得也. 此天之所與我者, 先立乎其大者, 則其小者弗能奪也. 고자상

맹자는 큰 것과 작은 것을 구분하라고, 중요한 것과 덜 중요한 것을 구분하라고 요청한다. 큰 것이 바르게 중심을 잡고 서면 작은 것에 휘둘리지 않기 때문이다. 요즘은 생각은 머리가 하고 마음은 감정을 느끼는 기관이라고 대개 생각하지만 맹자는 마음이 생각하는 기관이라고 보았다. 이전에는 뇌와 심장의 해부학적 지식을 토대로 기능을 확립한 것이 아니어서 이렇게 말한 것이다. 그러나 오늘날에도 그저 지식으로만 알던 것을 비로소 내 것으로 받아들이는 '깨달음'의 과정은 마음의 영역으로 이해한다. 머리로만 아는 것이 아니라 내 심장이, 그러니까 이성과 감성이 모두 동의한 앎이라는 것을 나타내기 위해 마

음을 끌어오는 것이다. 이것을 진짜 앎이라고 한다면 마음이 생각한다고 해도 충분히 타당할 것 같기도 하다. 여기서 생각하라고 할 때 무엇을 생각해야 하는지 그 생각의 대상이 생략되어 있는데, 이는 당연히 '인간이 인간으로서 타고나는 본성'을 가리킨다. 이것이 무엇인지를 생각하라는 말이다. 앞서도 말했지만 이것은 생존 본능이 아니기 때문에 생각해야만 얻을 수 있다. 내 안에 기준을 제대로 세워 생각이란 걸 하지 않으면 어떻게 될까? 눈과 귀 같은 감각기관이 외부를 감각하는 데 따라 내 모든 판단이 끌려다니게 된다. 눈과 귀를 우습게 보면 안 된다. 감각기관이 인지한 외부를 내 안에 바르게 세워 둔 기준에 따라 가만히 따져 보는 힘을 기르지 않으면 감각에 휩쓸려 다니고 감정에 휩쓸려 다니게 된다. 자극을 주는 대로 웃으랄 때 웃고 울라 할 때 울고, 내 감정이 카타르시스를 느끼면 그 자체로 외부를 선(善)으로 판단하는 경험을 종종 해 봤을 것이다. 눈과 귀로 감각한 것이 좋은 대로 마냥 노출시켜 두면 감각이 욕망을 어떻게 충동질해서 그 대상을 내 것으로 만들도록 얼마나 강하게 정신을 합리화해 가는지도 많이 경험했을 것이다.

먼저 해야 할 것은 경중을 판단하는 일이다. 인간에게는 생각하는 힘이 있다. 맹자도 말하지 않았는가. 시비지심이 있다고. 어떤 일이 터졌을 때 시시비비를 가리려 하고 가릴 줄 아는 것을 보면 인간에게는 지혜(智)가 이미 내재되어 있다고. 그 기능을 십분 활용해서 무엇이 더 중요한 일인지 생각해야 한다. 그렇지 않으면 인간은 고작 그 감각에 끌려다니는 음식지인(飮食之人)으로 전락하고 만다.

"몸에는 귀한 것과 천한 것이 있고 작은 것과 큰 것이 있으니, 작은 것을 가지고 큰 것을 해치지 말고 천한 것을 가지고 귀한 것을 해치지 말아야 한다. 그 작은 것을 기르는 자는 소인이 되고 큰 것을 기르는 자는 대인이 된다.
이제 여기 원예사가 있는데 그가 좋은 목재인 오동나무와 가래나무는 버려두고 쓸모없는 멧대추나무를 기른다면 형편없는 원예사가 되는 것이다. 손가락 하나를 애지중지하면서 그 어깨와 등을 잃는데도 알지 못한다면 이는 지극히 사리에 어두운 사람이 되는 것이다. 음식지인, 그러니까 음식을 밝히는 사람을 사람들이 천하게 여기니, 그 작은 것을 기르면서 큰 것을 잃어버리기 때문이다. 음식을 밝히기만 하는 사람이 그것만으로도 정신적으로 충분히 고양될 수 있다면 입과 배가 어찌 먹고 마시는 것으로 몸을 유지하는 것에 불과한 기관에 그치겠는가!"

體有貴賤, 有小大. 無以小害大, 無以賤害貴. 養其小者, 爲小人; 養其大者, 爲大人. 今有場師, 舍其梧檟, 養其樲棘, 則爲賤場師焉. 養其一指, 而失其肩背, 而不知也, 則爲狼疾人也.

飮食之人, 則人賤之矣, 爲其養小以失大也. 飮食之人, 無有失也, 則口腹豈適爲尺寸之膚哉? 고자상

이 구절을 볼 때마다 요즘의 먹방 쿡방이 떠오른다. 텔레비전을 켜면 온갖 채널에서 모두 먹는 방송이나 요리하는 방송 혹은 맛집 소개하는 방송을 내보내고 있다. 이제 심지어 온 세계를 돌아다니며 그곳의 음식과 맛집을 소개한다. 우리나라에 온 외국인이 한국을 경험하는 프로그램에서도 우리나라의 다양한 자연과 문화를 경험하는 것보다는 먹방에 가장 많은 시간을 할애한다. 분위기가 이렇다 보니 개인 SNS에도 음식점 방문 사진이 엄청나다. 인기 있는 곳에서 먹고 마신 인증샷을 남기는 것이 자신이 힙한(유행을 알고 이끄는) 사람이라는 증명처럼 활용되는 것 같다. 그래서 조금이라도 유명해진 음식점은 대기 줄이 한없이 길어지고 있는 추세다. 어떤 방송은 이런 추세에 합류해 유명한 음식점 대기 줄이 얼마나 긴지 그 줄

을 보여 주고 거기에 직접 합류해서 음식을 먹어 보는 것을 아예 방송 프로그램으로 만들기도 했다. 지금 우리 사회는 전체적으로 너무 육체에 기울어 있다. 먹고 마시고, 입고 자는 것의 화려함과 얼굴 몸매 관리와 외모상 늙음을 거부하는 데 아낌없이 쏟는 비용이 실로 어마어마한데, 문제를 제기하는 목소리는 별로 들리지 않는다. 그런 목소리가 있다 해도 힘을 받지 못하는 양상이다.

상대적으로 정신적인 측면의 관리를 강조하는 목소리는 매우 약하다. 오히려 자랑스레 "요즘 누가 책을 읽어?" "젊은 애들이 무슨 책을 읽니?"라며 소위 지식인이라는 사람들도 자기 자녀들이 책을 읽지 않는 걸 당연시한다. 꼰대로 지목될까 두려워 아무것도 지적하지 않는다. 당연히 책을 소개하거나 생각할 거리를 제공하거나 문화적 식견을 키워 주는 방송은 매우 적다. 먹방 쿡방에 아예 댈 수도 없는 수준이다. 있다 해도 시청률을 고려한 때문인지 오락의 경계선을 맴돌고 있어 조금은 위험해 보일 때가 많다. 우리가 진짜 사람다운 사람으로 남기 위해 해야 할 가장 중요한 일은 제대로 생각하는 것인데, 형편없는 원예사처럼 작은 것을 기르고 순간의 즐거움을 맛보느라 정작 정말 중요한 것, 절대 놓쳐서는 안 되는 걸 놓치고 있는 상황을 예사로 여기는 사회 분위기가 위험스러워 보인다. 생각을 잊은 사회가 어떻게 건강한 철학을 가질 수 있을까?

살다 보면 놓친 줄도 모른 채 우선순위를 놓치곤 한다. 맛있는 걸 먹는 게 나쁜 것은 아니다. 그러나 과할 때는 문제가 된다. 먹고 즐기는 것은 작은 것처럼 보이지만 이는 욕망과 관계된 것이어서 여기에 경도되면 인간으로서 마음을 쏟아야 하는 중요한 문제를 자칫 놓치게 되거나 혹은 놓치고 싶어진다. 작은 것을 좇느라 큰 것을 잃어버리고 있는 줄도 모르는 상황, 이것을 방심(放心), 즉 마음을 잃어버리는 것이라 하는데, 맹자는 이 잃어버린 마음을 찾는 것을 무려 학문의 목적으로 두고 있다.

"인은 사람다운 마음이고, 의는 사람다운 길이다. 그 길을 놔두고 그리로 다니지 않고 그 마음을 잃어버리고도 찾을 줄 모르니, 아, 슬프다! 사람들은 닭이나 개를 잃어버리면 찾을 줄 알면서도 마음을 잃어버리면 찾을 줄 모른다. 학문의 길은 다른 게 아니라 잃어버린 마음을 찾는 것일 뿐이다."

仁, 人心也; 義, 人路也. 舍其路而弗由, 放其心而不知求, 哀哉! 人有

雞犬放, 則知求之; 有放心, 而不知求. 學問之道無他, 求其放心而已矣. 고자상

자기가 돌보는 동물도 잃어버리면 찾을 줄 아는데, 왜 정작 가장 중요한 자기 마음은 잃어버렸는지 어떤지도 제대로 알지 못하고 찾을 생각도 하지 못하는가. 맹자는 무려 "哀哉(애재)!"라는 감탄사까지 내뱉고 있다. 맹자는 인간이 어떤 찬란한 가능성을 가진 존재인지 알았다. 스스로의 삶을 사람답게 가꾸고 타인의 삶과 공동체의 삶도 아름답게 가꿀 수 있는 가능성을 이미 지니고 있는데, 그 소중한 것을 잃어버리고도 찾을 줄 모르고 그저 현실의 삶에만 전전긍긍하고 있으니 먼저 안 자로서 절로 안타까운 탄식이 터져 나올 수밖에! 그래서 사람이 배우는 목적, 학문하는 목적을 '잃어버린 마음'을 찾는 것이라 분명하게 밝히고 있다. 학문의 목적을 다룬 이 본문은 송나라 때 주희(朱熹) 같은 성리학자들에게 깊은 인상을 주어 맹자가 공자를 잇는 정통 학자로 추앙받게 된 부분이며, 사서(四書) 가운데 하나인 《대학(大學)》의 삼강령과 일맥상통한다.

"대학의 도(道)는 밝은 덕[明德]을 밝힘에 있고, 백성을 새롭게 함에 있고, 지극한 선[至善]에 그침에 있다."

大學之道, 在明明德, 在新民, 在止於至善.

대학, 즉 학문을 하는 길에 있어 맨 먼저 할 일로 명덕을 밝히는 일을 들고 있다. 명덕은 사람이 이미 타고난 밝은 덕을 말한다. 타고난 밝은 덕이 이미 내 안에 있는데 그러한 줄을 알지 못하고, 사느라 바빠서 내 타고난 밝은 덕이 빛을 잃고 제대로 발휘되지 못하고 있는데 그런 줄도 모르고 사는 게 대부분의 사람 모습이다. 본격적인 학문, 즉 대학을 공부하는 목표는 무엇보다 먼저 바로 이 타고난 밝은 덕이 내 안에 있음을 알고 그 가능성을 다시 밝히는 데 있다. 그리고 '명명덕' 했거든 다음으로 할 일은, 아직 자신 안에 있는 그 가능성을 깨닫지 못하고 있는 백성들, 그러니까 타인에게 나아가 그들도 타고난 밝은 덕을 밝혀 새롭게 될 수 있도록 만드는 것, 돕는 것이다. 맹자처럼 말이다. 자, 그다음은 무엇일까? 내가 변화되었고 너도 그렇게 변화되었다면 그다음은? 세상의 변화다. 변화된 너와 내가 더불어 사는 이 세상을 항상 선(善), 즉 최고로 아름다운 상태에 머물게 하는 것, 그것이 사람이 배우는, 학문을 하는 궁극의 목적인 것이다. 대학이 설정한 큰 학문의 길은 이상과 같다. 나와 너, 우리의 아름다운 삶과 세상을 벗어나지 않는다.

지금 우리의 교육목표를 생각하게 하는 대목이다. 교육열은 전 세계에서 최고라고 해도 과언이 아닐 정도로 대단하지만 교육 철학에 있어서는 도무지 할 말이 없는 대한민국 교육의 현주소. 그 많은 시간과 돈을 쏟아부으며 공부하는데, 우리에게는 가장 먼저 던져야 할 질문 '왜 공부하는가?'에 대한 깊은 고민과 성찰이 결여되어 있다. 그 철학의 결여가 공부를 그저 개인의 영달이나 돈벌이 수단으로 전락시키고, 더 나아가 평등한 사회를 되레 계층 사회로 전락시키고자 하는 잘못된 욕망의 효율적 수단으로 쓰이고 있는 기이한 현상을 만들어 내지 않았는가 반성하게 된다.

잘 길러 주면 자라지 못할 것은 없습니다

맹자는 인간의 본성이 선하다고 했다. 인간을 오롯이 인간이게 하는 것이 이 선한 본성, 즉 윤리에 대한 감각이라고 했다. 그러나 다만 이것은 생존 본능처럼 가만둬도 알아서 발휘되는 게 아니라 인간이 그것이 자신 안에 내재되어 있음을 예민하게 발견하고 성장시켜 나가야만 발휘될 수 있다. 타고나되 눈치채고 생각해야만 알 수 있는 것, 그렇지 못하고 방심하면 아예 잃어버릴 수도 있는 것, 그래서 처음부터 거대하게 가지고 태어나는 것이 아니라 점점 성장시켜야 하는 것이 선한 본성의 특성이라고 한다면, 자, 이제 중요한 것은 무엇일까? 그렇다. 앞서도 잠시 말했지만 이 마음을 깨달을 수 있는 '교육'이 필연적으로 중요해진다. 맹자는 항상 교육을 강조한다. 양혜왕과 제선왕, 등문공 등에게 올바른 정치, 즉 왕도정치의 방법을 설파하면서 항상 마지막엔 백성을 가르칠 것을 말했다. 제나라와 진나라, 초나라에 거의 욱여쌈을 당해 힘들어하며 이 난국을 타개할 방법을 묻는 양혜왕에게 맹자는 힘으로 대응해서 해결할 생각을 하지 말고 왕도정치를 펼쳐 원칙을 바르게 세우는 방법으로 이겨 내라면서 이렇게 대답했다.

"땅이 방 100리 정도만 되어도 천자가 될 수 있습니다. 왕이 백성에게 인한 정치를 베풀어 형벌을 줄이고 세금을 경감하면 백성들이 농사일에 힘을 다할 수 있을 것이니, 장정들이 그 여가를 이용하여 효(孝), 제(悌), 충(忠), 신(信)의 도리를 닦아 집안에서는 부형을 섬기고 밖에서는 연장자를 섬길 줄 알게 될 것입니다. 이런 백성이 되면 진나라와 초나라 같은 강대국이 대단한 무기를 가지고 침략해도 제 스스로 무기를 만들어서라도 대항할 것입니다. 저 나라들은 백성의 농사철을 빼앗아 밭 갈고 김맬 때를 놓쳐 그 부모를 봉양하지 못해서 부모는 추위와 배고픔에 시달리고 형제와 처자식은 먹을 것을 찾아 사방에 뿔뿔이 흩어지는 상태입니다. 저들이 백성을 학대하여 도탄에 빠뜨리고 있을 때 왕께서 가서 정벌하면 그 누가 왕과 대적하겠습니까? 그래서 '인자무적(仁者無敵), 즉 인한 자는 적이 없다'라고 한 것이니 왕께서는 의심하지 마소서."

地方百里而可以王. 王如施仁政於民, 省刑罰, 薄稅斂, 深耕易耨. 壯者以暇日修其孝悌忠信, 入以事其父兄, 出以事其長上, 可使制梃以撻秦楚之堅甲利兵矣. 彼奪其民時, 使不得耕耨以養其父母, 父母凍餓, 兄弟妻子離散. 彼陷溺其民, 王往而征之, 夫誰與王敵? 故曰: 仁者無敵. 王請勿疑! 양혜왕 상

형벌을 줄이고 세금을 경감해 백성들이 농사일에 힘을 다해 먹고살 길을 보장하는 것이, 앞서 말했던 백성에게 항산을 주는 일이다. 항산을 보장해야 한숨 돌리고 쉴 만한 여가가 생길 수 있고, 바로 그 시간이 생겨야 효제충신을 가르칠 수 있다. 지금 표현으로 바꾸면 효제는 부모나 어른을 대하는 방법으로, 충신은 타인과 공동체를 돌아보는 방법으로 풀이할 수 있겠다. 충에 대해 혹 조금 거부감이 드는 분들이 있을지도 모르겠다. 그건 대개 지금

우리가 이 글자의 뜻을 '충성'으로 알고 있어서 맹목적인 상하 관계를 떠올리기 때문일 텐데, 사실 이 글자는 원래 '자기 자신을 다하는 것'이라는 뜻이다. 타인을 대할 때 내 진심과 노력을 다하는 것을 의미한다. 한자에는 의미가 변질되거나 축소된 글자가 생각보다 많은데 충도 대표적으로 거기에 포함되는 글자이다.

인류은 관계의 영역에 있다. 혼자 존재할 수 있는 인간은 없다. 태어나면서부터 관계를 맺는다. 부모 없이 태어날 수 있는 사람은 없다. 엄마 뱃속에서 한 사람의 생명이 시작된다. 그렇게 태어나면 가족 속에서 성장한다. 가족은 더 큰 개념인 친족 가운데 있고, 집 밖에 나가면 마을 사람을 만나게 되고, 그 마을이 모여 한 지역을 이루고 지역이 모여 국가를 이룬다. 사람은 끊임없이 사람과 부대끼며 살아간다. 농업을 기반으로 한 사회일수록 노동력이 많이 필요하기에 이 성향은 더욱 짙어진다.

유학은 바로 이 인간의 공동체적인 삶의 형태에 주목해서 윤리를 말한다. 처음 본성론이 시작된 것도 씨족 중심의 혈연집단이 와해되기 시작하면서 생긴 개념이라는 말을 했다. 인간만이 모둠살이를 하는 것은 아니다. 집단생활을 하는 동물도 꽤 많다. 맹자는 그래서 인간을 인간이게 하는 요소가 무엇일까 관찰하고 고민하다가 인간 모둠살이의 특성이 윤리라는 것을 발견한다. 관계의 특성을 알아 그에 적합한 윤리를 만들고 익혀 그에 적절하게 '나' 밖에 있는 대상을 대할 줄 아는 능력을 인간의 특성으로 본 것이다. 그 윤리를 제대로 확립하고 가르치면 모두가 제자리에 바르게 서게 되니 세상은 평화롭다. 반대로 이것을 바르게 확립하지 않고 선을 넘으면 그 관계는 제자리를 잃고 개인은 불쾌해지고 사회는 혼란스러워진다.

인간이 이룬 사회에는 반드시 윤리가 있는데, 인간이 윤리에 대한 감각을 타고나지 않는다면 이것이 어떻게 가능할까? 다만 이 감각은 본능처럼 가만두어도 절로 표출되는 것이 아니고 사람마다 같은 크기로 발현되는 것도 아니어서 먼저 깨닫는 선각자가 필요하고 그 선각자가 큰 줄기와 시행세칙을 정리하거든 이를 가르쳐서 깨닫고 발현시켜 성장할 기회를 주어야 하는 것이다. 만약 인간의 공동체에 윤리가 없다? 그건 동물의 모둠살이와 차별성이 없어지는 일이 아니겠는가.

맹자는 혼란했던 세상이 정리되던 상황을 말하면서 윤리가 어떻게 등장하게 되었는지 설명한다. 요순시대라 일컫는 요임금의 치세에도 세상은 아직 정리되지 않았고, 홍수로 물이 범람해 땅을 뒤덮어 동식물이 무분별하게 인간 삶의 터전에 자리 잡아 혼란한 상태였다. 이에 요임금은 후일 순임금이 되는 순을 등용해서 이 상황을 정리하게 했다. 이에 순은 각 분야에 유능한 인재를 써서 그 일을 처리해 나갔다. 먼저 익(益)이란 인물이 산과 늪지대에 불을 놓아 무성히 자란 초목을 다 태우자 짐승들이 도망쳐서 사람이 사는 곳에서 사라졌다. 다음으로 우(禹)란 인물이 물을 맡아 작은 강의 물길을 정리해 큰 강과 바다로 터 주고 큰 강의 물길을 바다로 흘러들게 하자 비로소 육지와 물이 정리되어 제대로 농사를 지을 수 있게 되었다. 농사지을 바탕이 마련되자 후직(后稷)이란 인물이 사람들에게 농사를 가르쳤고, 이에 오곡을 심고 가꾸게 되자 백성들은 제대로 먹고살게 되었다. 자, 그다음에는 무엇을 해야 할까? 이제 본격적으로 사람이 되도록 사람으로 사는 길을 가르쳐야 한다.

"사람에게는 사람답게 사는 길이 있습니다. 배불리 먹고 따뜻한 옷을 입고 번듯한 집에서 편안히 살기만 할 뿐 가르침이 없으면 짐승과 다를 바 없습니다. 성인(순임금)이 이러한 점을 우려하여 설(契)을 사도(司徒)로 삼아 인륜을 가르치게 했습니다. '부모와 자녀 관계의 본질은 친함이고[부자유친(父子有親)], 왕과 신하 관계의 본질은 의로움이며[군신유의(君臣有義)], 남편과 아내 관계의 본질은 다름이라는 차이이고[부부유별(夫婦有別)], 어른과 젊은이 관계의 본질은 연상과 연하라는 서열이며[장유유서(長幼有序)], 벗이란 관계의 본질은 믿음이다[붕우유신(朋友有信)]'라는, 바로 이 오륜을 가르쳤던 것입니다."

后稷教民稼穡. 樹藝五穀, 五穀熟而民人育. 人之有道也, 飽食煖衣逸居而無敎, 則近於禽獸. 聖人有憂之, 使契爲司徒, 敎以人倫. 父子有親, 君臣有義, 夫婦有別, 長幼有序, 朋友有信. 등문공상

여기가 그 유명한 삼강오륜(三綱五倫)의 오륜이 나오는 대목이다. 오늘을 사는 우리가 문득 삼강오륜을 늘어놓는 사람을 만난다면 어떤 반응을 보일까? "으~~ 진짜! 옛날 사람!"이라며 말 꺼내기가 무섭게 손사래를 치지 않을까? 우리 대부분은 이것을 되게 낡고 케케묵고 시대착오적인 윤리로 알고 있다. 하지만 학교에서 단답형으로 삼강오륜의 여덟 가지 사자성어를 단순 암기로 외울 때 접했을 뿐 자세한 내용을 들은 적은 거의 없을 것이다.

오륜은 우리가 흔히 생각하듯 그렇게 답답하거나 시대착

오적인 상명하복 혹은 주종 관계의 맹목적인 복종을 가르치는 윤리가 아니다. 삼강은 그런 분위기가 있다고 할 수 있지만 오륜은 아니다. 이를 바르게 이해하려면 먼저 삼강과 오륜을 분리하는 작업이 필요하다. 삼강과 오륜은 아주 다르다. 오륜은 여기 이 본문처럼 맹자가 말한 것이고, 삼강은 이보다 뒤인 한나라 때의 유학자 동중서(董仲舒)가 만든 개념이다.

일단 오륜부터 살펴보자. 맨 먼저 '父子有親(부자유친)'이란 구절을 보면, 우리는 대개 이것을 '부모와 자녀 사이에는 친함이 있어야 한다'라고 풀이한다. 그러나 이것은 유(有)를 잘못 해석한 것이다. 有는 '있다'이지 '있어야 한다'가 아니다. '~해야 한다'는 실제 사실을 기술하는 것이 아니라 당위를 말하는 표현이다. 다섯 가지 관계의 윤리는 '그것이 그래야 한다'를 말하는 것이 아니라 '그 관계의 본질은 ~이다'를 밝힌 것이다.

그래서 부자유친은 '부모와 자녀 관계의 본질은 친함이다'라는 뜻이고, 군신유의는 '왕과 신하 관계의 본질은 의로움이다'라는 뜻이며, 부부유별은 '남편과 아내 관계의 본질은 다름이라는 차이이다'라는 뜻이고, 장유유서는 '어른과 젊은이 관계의 본질은 연상과 연하라는 서열이다'라는 뜻이며, 붕우유신은 '벗이란 관계의 본질은 믿음이다'라는 뜻이다. 이것을 '~해야 한다'라고 읽지만 않아도 오해는 살짝 풀리고 숨이 좀 덜 막힌다. 그럼 이제 좀 더 자세히 들어가 보자.

부모와 자녀 관계의 본질은 친함이다. 한자 '親'을 우리는 '친할 친'이라고 주로 말하는데, 맞는 뜻이지만 사실 지금 우리가 말하는 '친함'보다는 의미가 훨씬 진하다. 한자 親은 주로 혈연으로 이어진 친밀함을 묘사할 때 쓴다. 그러니까 부모와 자녀 관계의 본질이 생명을 주고받는 관계임을 말하고 있다. 그렇다면 이 친밀함은 사회적으로 맺은 가까움과는 다른 속성을 지닌다. 인간이 세상에 존재하기 위한 아주 근본적인 관계이고, 그래서 끊으려야 끊을 수 없고, 그러므로 절대 손상해서는 안 되는 관계인 것이다. 이것이 친밀함으로 표현되었으니, 관계에 대한 최상급의 표현이다. 그래서 우리가 흔히 생각하는 바와 다르게 유학에서는 수직적인 부모와 자녀 관계가 아니라 서로이 특별한 친밀함을 손상하지 않도록 조심스럽게 소통하며 관계를 이어 갈 것과 그 방법을 말하는 내용이 많다.

우리 사회에서 부모 자녀 간의 '친밀함'은 지켜지고 있는가? 그렇지 못하다는 게 요즘 사회문제로 대두되고 있다.

관계의 특성을 가르치고 그것을 지킬 방법을 진지하게 가르치지 않는다면 아무리 생명을 주고받은 관계라도 관계의 올바른 특성이 지켜질 수 없다. 우리는 지금 이 '친밀함'에 대해 그 속성과 유지할 방법에 대해 제대로 차근히 가르치고 배우고 있는가?

왕과 신하 관계의 본질은 의로움이다. 이것은 공적 관계를 의미한다. 왕과 신하라고 하면 지금은 상관없는 관계일 것 같지만 이것을 공적 관계로 표현한다면 여전히 유효하다. 이 공적 관계의 핵심은 '의' 즉, 올바름이다. 기관이든, 기업이든, 나라든, 자신이 몸담는 곳에는 설립 목적과 취지가 있고, 나와 회사와 회사의 소유주 및 직원들은 그 아래에서 관계를 맺고 있다. 그러므로 인간적인 사귐이 아니라 먼저 내가 몸담고 있는 그곳이 바르게 설 수 있도록 하는 것이 그곳에서 맺는 관계의 핵심이다. 예전에 신하들이 왕에게 직언을 서슴지 않았던 것은 신하는 왕을 마냥 섬기기만 하는 존재가 아니라 임금과 함께 나라를 바로 세워야 하는 존재이기 때문이었다. 의가 사라지면 둘은 더 이상 함께할 아무 이유가 없다. 지금 우리는, 내가 몸담고 있는 곳이 월급을 주는 곳이라는 것 말고 그곳의 올바른 자리매김과 성장을 위해 내가 거기에 있다는 가르침에 대해 제대로 차근히 가르치고 배우고 있는가?
남편과 아내 관계의 본질은 다름이라는 차이이다. 남자와 여자는 열등하고 우등한 게 아니라 서로 '다른' 것이다. 서로는 다름의 영역을 반드시 인지하고 반드시 지켜야 관계를 제대로 유지할 수 있다. 그리고 관계를 제대로 이해할 때 각별해질 수 있다. 부부는 무촌이다. 남이면서 가장 가까운 관계이며 이 특수함으로 인류를 지속시킨다. 이 관계에서 나머지 네 개의 관계가 다 생겨난다. 인류를 탄생시키고 성장시키는 관계이기 때문이다. 그런데 우리 사회는 지금 이 남녀의 차이를 제대로 배우지 못해 열병을 앓고 있지 않은가? 열등과 우등도 아니며, 그렇다고 차이 없음도 아니고, '다름'인데, 우리는 '다름'을 어떻게 받아들여야 하는지 알지 못해 서로를 할퀴고 있다. 연애와 사랑의 영역이 제대로 자리 잡으려면 이 別(별)에 대한 각별한 이해가 필요하지 않을까?
어른과 젊은이 관계의 본질은 연상과 연하라는 서열이다. 서열은 "너 몇 살이야?" "나이 먹은 게 자랑이냐?"란 말이 아니다. 나이 듦에 대한 책임, 연장자는 꼰대가 아닌 어른이 되어야 한다는 책임을 그리고 나이 어린 자는 책임 있게 인생을 살며 다음 세대가 살아갈 세상을 가꿔 준

연장자에 대한 인정과 존경을 갖추어야 한다는 말이다. 살아온 자가 더불어 살아가는 인간의 길을 제대로 닦아 다음 세대에게 주는 노력을 다하지 못하고, 살아갈 자가 제 앞에 길을 낸 자들의 노력과 수고를 무시한다면 그 사회에는 내일이 없지 않겠는가?

벗이란 관계의 본질은 믿음이다. 지금 우리에게 '친구'란 말이 있나? 쉽게 친구라고 하지만 그 본질을 믿음으로 간직한 친구는 몇이나 되는가? 朋과 友 모두 '친구, 벗'인데, 朋은 한 스승 아래서 배운 사람, 友는 같은 뜻을 추구하는 사람을 의미한다. 그래서 유학에서는 친구가 서로에게 옳은 길과 옳은 삶을 요구하는 관계라고 가르친다. 그러니 무엇보다 '신뢰'가 중요할 수밖에 없다. 우리가 함께한 뜻이 옳고, 네가 나에게 요구하는 삶이 옳다는 걸 의심하지 않으려면 상대에 대한 신뢰가 얼마나 깊어야 할까? 친구는 절대 농담 따먹기나 하고 우르르 몰려다니며 즐기기나 하는 그런 한없이 가볍기만 한 존재가 아니다. 사람이 사람 되어 가는 데 엄청나게 중요한 영향을 미치는 특별하고 소중한 존재이다.

이상 오륜에 대해 하나하나 조금씩 생각해 보았다. 읽으면서 느꼈을지 모르지만 오륜은 수평적 관계의 윤리이다.

전혀 수직적인 요소가 없다. 상호성이 매우 두드러지는 윤리이다. 그도 그럴 것이 이는 사람이 이루고 사는 공동체가 맺는 관계 중 가장 기본적인 관계를 추린 것들이기 때문이다. 지배하기 위해 설정한 통치 윤리가 아니라 인간이면 누구나 태어나 맺게 되는 관계를 정리하고 그 본질을 정의한 것이란 말이다. 그래서 상호적이다.

양편 어느 쪽이든 이 관계의 본질을 알지 못해서 잘못 행동하거나 잘못된 것을 요구하면 그 관계는 깨진다. 먹고 살 만해져 나는 누구이고 내가 사는 세상은 어떤 곳인지 알 여유가 생겼을 때 인간이 인간답게 살면서 살기 좋은 세상을 가꾸어 가려면 인간은 서로에게 어떤 존재가 되어야 하는지 알려 주는 게 오륜이다. 모둠살이를 해야만 생존할 수 있는 존재에게 반드시 필요한 윤리인 것이다. 내가 상대에게 어떻게 행동해야 하는지 알려면 먼저 관계의 본질이 무엇인지 알아야 한다. 예컨대 공적인 관계를 친밀함으로 끌어가려 하면 그건 비리가 되고, 부부 관계나 남녀 관계를 서열로 끌어가려 하면 그건 파탄이 된다. 어쩌면 우리 사회가 혼란스러운 것은 관계를 맺기 전에 내가 맺는 관계의 본질, 그 본질에 맞는 관계의 속성을 제대로 가르치고 배우고 고민하는 시간을 가지지 못한 채,

'나만 잘하면 되지'라는 생각으로 그저 내 소견에 옳은 대로 행했기 때문이 아닐까?

삼강은 한나라 시대 동중서라는 대단한 학자가 오륜 중에서 더욱 중심이 되는 세 관계를 떼어 내서 음양설(陰陽說)을 덧입혀 다시 만든 것이다. 부위자강(父爲子綱), 군위신강(君爲臣綱), 부위부강(夫爲婦綱)이라고 해서 아버지와 아들, 임금과 신하, 남편과 아내가 서로 짝이 되어 아버지는 아들의 벼리가, 임금은 신하의 벼리가, 남편은 아내의 벼리가 된다는 것이 그 내용이다. 쉽게 표현하면 아버지는 주 아들은 종, 임금은 주 아들은 종, 남편은 주 아내는 종의 관계가 된다는 말이다. 동중서의 음양설은 기본적으로 음과 양이 대등하지 않고 양이 음을 지배하는 원리기 때문에 오륜이 변질된 것이라 할 수 있다.

사실 여기에는 법가(法家)의 색채도 담겨 있는데, 법가는 지배자에게 강한 힘을 부여하여 국가를 효율성으로 운영할 것을 말한 학파로, 그 대표 주자인 한비자(韓非子)가 '신하가 임금을 섬기고, 자녀가 부모를 섬기고, 아내가 남편을 섬기면 천하는 잘 다스려질 것이고, 이 관계가 어그러지면 천하는 혼란할 것이다.' 하여 삼강의 틀을 말한 바 있다. 한나라는 유학을 통치 이념으로 삼았지만 사실 통일 진나라의 법가 통치 방식을 버리지 않고 유학과 법가를 아울러 쓰고 있었고, 특히 동중서의 철학은 무제(武帝) 때 황제권을 강화하면서 나온 정치철학이기 때문에 수직성이 강한 통치 삼강을 내세운 것이다. 그러니까 이제는 삼강오륜에서 삼강과 오륜을 분리하고 떼어 내서 오해를 털어 내고 오늘날에 맞게 다시 잘 쓸 수 있으면 좋겠다.

오륜은 억지로 무언가를 시키는 것이 아니라 인간이 인간으로 태어나 맺게 되는 기본적인 관계의 본질에 대해 말하고 있다. 오륜을 말하기 전 '사람에게는 사람답게 사는 길이 있습니다. 배불리 먹고 따뜻한 옷을 입고 번듯한 집에서 편안히 살기만 할 뿐 가르침이 없으면 짐승과 다를 바 없습니다.'라고 했다. 공동체를 이루고 사는 인간이란 존재가 이 윤리를 제대로 배워 각자 있어야 할 자리를 서로 지켜 주지 못하고 제 배만 부른 것에 집중해서 '나 하나 잘 먹고 잘살면 그만이지' 한다면 그건 짐승과 다를 바 없는 삶이다. 그러므로 교육의 목표는 바로 이것이다. 인간답게 살 수 있는 가능성을 타고 태어나는 인간에게 인간답게 살 기회를 주는 것.

그런데 이는 바꾸어 말하면 그 기회를 제대로 주지 않으면 인간은 인간다워지기 어렵다는 말이기도 하다. 가끔 우리는 인간답지 못한 행동을 하는 사람에게 혀를 차며 어떻게 사람이 저럴 수 있느냐고 손가락질한다. 그러나 맹자는 그런 행동을 하는 사람을 비난하기 전에 그가 제대로 기회를 가진 적이 있는지 생각해 봐야 하지 않겠느냐고 권한다. 이 말을 하기 위해 그는 우산(牛山)의 예를 든다. 제나라 도성 부근에 우산이라는 산이 있었는데, 그 산이 민둥산으로 유명했던 모양이다. 그 산을 예로 들어 자신의 생각을 펼친다.

"우산의 나무는 사실 예전에 아주 울창해서 보기 좋았습니다. 그런데 큰 나라 도성의 교외에 있어서 나무꾼들이 자주 베다 보니 어떻게 아름다움을 유지할 수 있었겠습니까? 물론 나무가 밤낮으로 자라고 비와 이슬이 적셔 주니 계속 새로 싹이 나긴 납니다. 하지만 소와 양을 또 거기에 방목해서 걔들이 다 뜯어 먹으니 저렇게 민둥민둥해질 수밖에 없습니다. 그 모습을 보고 사람들은 원래 저 산에는 좋은 재목이 없었다고 말하지만 이것이 어찌 산의 본성이겠습니까?

사람 안에 있는 것도 마찬가지입니다. 인과 의의 마음이 왜 없었겠습니까? 그 타고난 좋은 마음을 놓쳐 버린 것이

나무에 도끼질해서 매일매일 베어 내는 것과 같으니, 아름다울 수 있겠습니까? 물론 타고난 좋은 마음은 밤낮으로 자라고 새벽의 맑은 기운으로 적셔지는 것이 있을 것입니다. 그러나 무언가를 좋아하고 싫어하는 것이, 즉 선악을 바라보는 시선이 다른 사람들과 비슷한 점이 거의 없는 것은 낮 동안 하는 짓이 그 마음을 억눌러 사라지게 하기 때문입니다. 이렇게 억눌러 사라지게 하는 일이 반복되면 차분한 밤에 자라난 착한 마음은 보존될 수 없고, 밤사이 자라난 착한 마음이 보존될 수 없으면 곧 짐승과 다를 것이 없게 됩니다. 사람들은 그의 짐승 같은 행위만 보고 그에게 처음부터 좋은 마음이란 없었다고 생각하지만 이것이 어떻게 그 사람의 본성이겠습니까?"

牛山之木嘗美矣, 以其郊於大國也, 斧斤伐之, 可以爲美乎? 是其日夜之所息, 雨露之所潤, 非無萌蘖之生焉, 牛羊又從而牧之, 是以若彼濯濯也. 人見其濯濯也, 以爲未嘗有材焉, 此豈山之性也哉? 雖存乎人者, 豈無仁義之心哉? 其所以放其良心者, 亦猶斧斤之於木也, 旦旦而伐之, 可以爲美乎? 其日夜之所息, 平旦之氣, 其好惡與人相近也者幾希, 則其旦晝之所爲, 有梏亡之矣. 梏之反覆, 則其夜氣不足以存. 夜氣不足以存, 則其違禽獸不遠矣. 人見其禽獸也, 而以爲未嘗有才焉者, 是豈人之情也哉? 고자상

우리는 대체로 무언가를 볼 때 당시의 현상이나 형태만을 보고 판단 내리는 경우가 많다. 민둥산을 보면 우리는 민둥한 바로 지금의 상태만 보고 그 산 전체를 평가하곤 한다. "이 산은 볼품없군. 영 못 쓰겠어~" 하지만 맹자는 왜 산이 이런 상태가 되었는지를 생각한다. 나무가 없는 산이 어디 있으랴. 원래 울창했으나 그의 환경이 무자비했던 것뿐이다. 풀도 나무도 도무지 자랄 시간을 주지 않고 자기들 필요대로 마구 가져다 써 버리니 풀과 나무를 키워 내는 산의 본성은 도무지 본성대로 기능할 수 없을 수밖에…. 사람도 마찬가지라는 것이다. 타고난 좋은 마음이 밤낮으로 자라더라도 세상이 각박하게 자꾸 이 사람을 할퀴면 살기 위해 전전긍긍하느라 그 좋은 마음의 씨앗은 자랄 기회를 전혀 가질 수 없다. 그런데 우리는 그 때문에 결과적으로 나타난 지금의 짐승 같은 행위만 보고 그 사람은 원래 사람답게 될 수 없는 사람이라고 단정 짓고 손가락질한다. 그러나 전혀 다른 환경, 잘 자랄 수 있는 비옥한 환경이 주어졌다면 나무와 풀이 무성한 아름다운 산으로 만날 수도 있지 않았을까? 맹자는 이어 말한다.

"그러므로 진실로 잘 길러 주면 자라지 못할 것은 없습니다. 진실로 잘 길러 주지 못하면 소멸하지 않을 것은 없습니다. 그래서 공자는 이렇게 말했습니다. '잘 붙잡으면 보존되고 놓으면 잃어버려서 나고 드는 데 정해진 때가 없고 어디로 가는지 그 향방도 알 수가 없는 건 오직 사람의 마음을 두고 한 말일 것입니다!'"

故苟得其養, 無物不長; 苟失其養, 無物不消. 孔子曰: 操則存, 舍則亡. 出入無時, 莫知其鄕, 惟心之謂與! 고자상

진실로 잘 길러 주면 자라지 못할 것은 없다. 전에 교도소 강의를 간 적이 있다. 강의를 열심히 준비해 가기는 했다. 그러나 막상 교도소에 들어가 재소자분들을 만나니 말문이 막혔다. 《논어》를 가지고 유학에 대해 개괄하는 내용을 준비해 갔는데, 이게 무슨 필요가 있겠는가 싶어 (잘 들어 주실 것 같지도 않고…) 잠시 당황했다. 준비한 대로 밀고 나가도 누가 뭐랄 사람은 없었지만 아무도 흥미 없어 하는 강의를 두 시간이나 할 자신이 없었다. 고민하고 있는데, 문득 《맹자》의 이 부분이 떠올랐다. 즉석에서 강의를 바꾸어 이 내용으로 강의를 엮어 갔다. 그 어떤 내용보다 이분들에게 꼭 필요한 내용이 아닐까 싶었

다. 이미 2,000년쯤 전에 여러분의 마음을 알고 이해하고 위로해 준 철학자가 있다고 말해 주고 싶었다. 강의 몰입도는 예상을 뛰어넘었다. 무척 집중해서 들어 주셨다. 눈물을 흘리는 분들도 있었다. 잘 길러질 기회만 누렸더라면 나도 다른 삶을 살 수 있었을 텐데. 이렇게 믿어 주고 대변해 주는 옛날 철학자의 위로가 이분들의 마음을 따뜻이 어루만졌던 것이 아닐까?

인간의 가능성을 무한으로 긍정하는 이 대목은 참으로 아름답다. 우리는 생각보다 낙인을 찍는 데 빠르다. 사람을 빨리 분류하는 것이 내 정력을 낭비하지 않고 편하게 관계 맺어 안전하게 살게 한다고 생각하기 때문이다. 대개의 경우 좋은 사람, 나쁜 사람, 선한 사람, 악한 사람을 효과적으로 나누어 가능성이 있는 사람들하고만 교류하고 싶어 한다. 물론 이 마음도 충분히 이해가 된다. 나 역시도 상처받고 싶지 않아 나이가 들수록 주의를 기울여 조심하지 않으면 사람을 분류해서 사귀고 싶어 하는 마음을 더 쉽고 강하게 갖게 되는 것 같다.

그러나 다른 교육을 받았더라면, 다른 환경에서 자랐더라면 우리의 오늘은 다를 수 있다. 가진 것이 너무 없어도 죄를 짓고 가진 것이 너무 많아도 죄를 짓는다. 그 죄는 범죄라 할 만큼 큰 것도 있고 범죄까지는 아니지만 타인의 삶을 할퀴어 생채기를 내는 작은 것이거나 심리적인 것일 수도 있다. 그렇다면 사람을 분류하는 색안경을 끼고 싶은 나는 얼마나 비옥한 산인가? 민둥산이 아니라고 곧장 비옥한 산은 아닐 것이다. 이런 측면에서 보자면, 가진 것이 너무 없는 각박한 삶에서 짓는 죄도 문제지만, 어쩌면 '원래 민둥산, 원래 볼 것이라고는 없는 못난 산'이라고 낙인찍는 그 오만함이 가장 무서운 죄가 아닐까 하는 생각이 든다. 오늘의 모습만 가지고 내일을 단칼에 거세해 버리기 때문이다. 맹자는 가장 잔인한 오늘을 살아갔다. 그런 그가 인간이 품은 내일의 가능성을 보며 끝까지 포기하지 말고 가르칠 것을 권한다. 그 시선이 참으로 귀하고 아름답다.

흔들리지 않는 마음을 길러 봅시다

여기까지 맹자의 말을 들으면서 '맞아, 맞아. 그렇지, 그렇지.' 고개를 끄덕이는 순간이 적지 않았을 것이라 생각한다. 하지만 동시에 그와 같은 신념을 갖는 것은 너무 어려운 일이라 나처럼 평범한 사람에게는 실현 불가능하다는 생각을 했을지도 모르겠다. 대개 책을 읽으며 감탄사를 내뱉을 때 우리는 종종 감탄 어린 내용을 나 자신에게 대입하기보다는 그 구절을 읽으며 다른 사람을 떠올리는 경우가 많다. '아, 이걸 ○○○이 읽어야 하는데!'라거나 이렇게 맹자처럼 정치철학을 다룬 책인 경우는 '아, 왜 우리나라 정치인들은 이렇지 않지? 우리에게도 이런 정치인 좀 있었으면….' 혹은 '지금 우리에게도 이런 대쪽 같은 사람이 나와 강직한 발언을 주저 없이 해 주지!' 하고 바란다. 그러나 맹자는 특별한 사람이 별다르게 태어나는 것이 아니라 누구나 가능성을 잘 키우기만 하면 특별한 사람이 될 수 있다고 말한다. 신념도 마찬가지이다. 특별히 용기 있고 대쪽 같은 사람이 따로 태어나는 것이 아니라 누구나 노력하면 이룰 수 있는 일이라고 말한다.

어느 날 제자인 공손추가 물었다.
"선생님께서 제나라 정승의 지위에 올라 선생님께서 추구하는 바른길을 실제로 행할 수 있게 되신다면, 충분히 임금이 다른 나라들을 힘으로 제패하게 하거나 혹은 그렇게 제패하고 진정한 통일을 이루는 자가 되실 수 있을 텐데, 그렇다면 선생님의 마음에 흔들림이 있을까요, 아닐까요?"
"흔들림이 없다. 나는 마흔에 부동심(不動心)했다."
公孫丑問曰: 夫子加齊之卿相, 得行道焉, 雖由此霸王不異矣. 如此, 則動心否乎?
孟子曰: 否. 我四十不動心. **공손추상**

공손추는 마흔에 부동심의 경지에 올랐다는 스승의 말에 대단하다며 연신 감탄했다. 그러자 맹자는 그건 별로 어려운 일이 아니라고 말한다. 공부 잘하는 사람이 공부 하나도 안 어렵다고 말하는 것과 비슷한 느낌일 수도 있으나 일단 맹자의 말을 들어 보기로 하자.

제자가 천하를 경영하게 되면 마음이 흔들리겠냐 물은 것은 사람이 무언가를 결정해야 하는 높은 자리에 올라 큰일을 앞두면 불안하고 걱정되고 두렵기 때문이다. 이것이 동심(動心), 즉 마음이 흔들린다는 것이다. 개인적인 큰일에도 심장이 두 근 반 세 근 반 하는데, 내 결정이 많은 이들의 삶에 영향을 미치게 되면 당연히 끊임없이 이것이 과연 옳은가 의심하게 되고 덩달아 이 결정이 가져올 여파에 대해 두렵기 마련이다. 중대한 결정일수록 마음은 하루에 열두 번도 더 흔들린다. 그런데 맹자는 마흔에 이미 부동심했다며 자신보다 급이 떨어지는 고자(告子)도 마흔에 벌써 부동심했다고 말한다. 어떻게 그럴 수 있었을까? 맹자는 먼저 혈기의 용맹 두 종류를 들어 설명을 시작한다.

1) 북궁유(北宮黝)라는 사람이 용기를 기른 방법: 칼에 찔

려도 꿈쩍도 하지 않고, 칼끝이 눈앞까지 와도 눈알을 굴려 피하지 않음. 그리고 털끝만큼이라도 남에게 모욕을 당하면 사람이 가득한 시장 복판에서 매를 맞는 것처럼 치욕스럽게 여김. 그래서 노숙자에게든 천자에게든 지위 고하를 막론하고 그 누구에게도 모욕을 받지 않아 천자를 찌르는 것도 하찮은 인간을 찔러 죽이는 것과 똑같이 생각하여 그 어떤 군주도 두려워하지 않아서 자기에 대한 험담이 들려오면 기필코 앙갚음을 함.

北宮黝之養勇也, 不膚撓, 不目逃, 思以一豪挫於人, 若撻之於市朝. 不受於褐寬博, 亦不受於萬乘之君. 視刺萬乘之君, 若刺褐夫, 無嚴諸侯. 惡聲至, 必反之.

2) 맹시사(孟施舍)라는 용사가 용기를 기른 방법: 맹시사의 말로 알 수 있음. "이기지 못할 상대도 이길 것처럼 보는 것이니, 적의 숫자를 헤아려서 진군하고 승리한다는 셈이 선 뒤에 교전하는 것은 적군의 거대함을 두려워하는 것이다. 나라고 어찌 반드시 이길 수만 있겠는가? 다만 두려워하지 않을 뿐이다."

孟施舍之所養勇也, 曰: 視不勝, 猶勝也. 量敵而後進, 慮勝而後會, 是畏三軍者也. 舍豈能爲必勝哉? 能無懼而已矣!

북궁유 같은 사람은 두려움이 없을 것이다. 그러나 그의 용기는 남을 대적할 때 나오는 용기다. 그러나 맹시사의 경우는 자신을 지키는 것을 먼저 해서 갖게 된 용기이다. 맹자는 어느 쪽을 추천할까? 당연히 후자이다. 둘 다 내면의 용맹을 기른 것이 아니라 혈기의 용맹을 기른 것이니 어느 편이 더 뛰어난지는 모르겠지만 맹시사 쪽이 요령이 있다고 할 수 있다면서 종류로 보자면 증자가 자신을 지킨 방법과 유사하다고 말한다.

옛날에 증자가 자기 제자인 자양(子襄)에게 이런 가르침을 준 적이 있다. "자네, 용기를 좋아하나? 내가 예전에 스승님께 위대한 용기에 대해 들은 적이 있는데, '나 자신을 돌아보았을 때 옳지 못하다면 상대가 비록 하찮은 사람이라 하더라도 나는 두려워 어쩔 줄 모르겠지. 그러나 나 자신을 돌아보았을 때 옳다면 상대가 비록 천만 명이라도 나는 가서 당당히 맞설 것이다.'라고 하셨다." 맹시사가 자기를 지키는 자세가 증자와 비슷하긴 하지만 맹시사는 외적인 용기를 지키는 것이니 증자가 내면을 지키는 요령을 가지고 있음만 못하다.

昔者, 曾子謂子襄曰: 子好勇乎? 吾嘗聞大勇於夫子矣. 自反而不縮,雖褐寬博, 吾不惴焉; 自反而縮, 雖千萬人, 吾往矣. 孟施舍之守氣, 又不如曾子之守約也.

매번 일이 터질 때마다, 상대를 마주할 때마다 그때그때 그 일을 해내며 두려움을 이겨 내는 것은 번거롭다. 먼저 평소에 자신의 심지를 기르는 편이 훨씬 효율적이다. 맹시사나 증자의 지킴이 바로 그런 자세이다. 그렇다면 이런 심지는 어떻게 기르고 가꿀 수 있을까? 공손추가 마음을 지키는 방법, 즉 부동심에 대해 고자의 방법과 스승님의 방법을 모두 알려 달라 요청한다.

"고자가 말하기를, '말이 이해되지 않거든 마음에서 구하지 말고, 마음에 납득되지 않거든 기(氣)에서 구하지 말라'라고 했는데, 마음에 납득되지 않거든 기에서 구하지 말라는 것은 그래도 괜찮은데, 말이 이해되지 않거든 마음에서 구하지 말라는 것은 잘못되었다.
의지는 기를 통솔하는 장수이고, 기는 내 몸에 가득 찬 근원적인 힘이다. 의지가 서면 기가 따라와 깃들기 때문에, '그 뜻을 단단히 지키고 있더라도 그 기를 무리하게 하지 말라'라고 한 것이다."

告子曰: 不得於言, 勿求於心; 不得於心, 勿求於氣. 不得於心, 勿求於氣, 可; 不得於言, 勿求於心, 不可. 夫志, 氣之帥也. 氣, 體之充也. 夫志至焉, 氣次焉. 故曰: 持其志, 無暴其氣.

고자가 부동심을 지키는 방법은 자신을 흔들 수 있는 모든 것을 원천적으로 차단하는 것이라 할 수 있다. 누군가의 말이 이해되지 않으면 자기 마음에서 그 뜻을 이해하려 하지 않아야 하고, 자기 마음에 납득되지 못한 것을 행동에서 추구하지 말아야 한다는 것이다. 여기 기(氣)라는 단어가 나오는데, 이것은 기운, 에너지, 근원적인 힘, 육체, 행동 등으로 풀이할 수 있다. 마음에 의지가 깃들어 있고 육체에 마음이 깃들어 있다. 그런데 육체는 마음의 지배를 받으니 결국 의지가 가장 중요한 부분이라 하겠다. 그러니 마음에 납득되지 않는 것을 행동해서는 안 된다. 하지만 남의 말 중에 이해되지 않는 말은 자신의 마음에서 그 뜻을 생각해 보아야 한다. 마음은 생각하는 기관이고 인과 의의 도덕성이 깃든 곳이기 때문이다.

다만 마음과 육체가 동떨어져 있는 것이 아니라 내 몸이라는 한곳에 있는 만큼 뜻만 바로 섰다고 해서 육체를 돌보지 않아서는 안 된다. 내가 옳게 세운 나의 뜻대로 행동할 수 있게 내 기운도 훈련이 되어야 한다. 자칫 우리는 뜻이 육체를 통솔하는 장수이고 몸은 뜻에 따라 움직이게 되어 있으니 뜻만 중요시하면 될 것 아닌가 생각한다. 하지만 맹자는 뜻을 한결같이 하면 기를 움직일 수 있지만 기가 몸을 지배하는 순간 뜻이 흔들린다면서 한창 달리고 넘어질 때면 오롯이 그 활동에 치우쳐 마음이 요동치지 않느냐고 한다. 생각해 보면 신체의 상태나 습관에 마음이 따라가게 되는 순간이 상당하다. 예를 들어 마음을 그렇게 먹지 않았는데도 포악한 행동이 습관이 되면 마음도 점점 포악해지고, 마음은 부지런해도 게으름이 습관이 되면 마음도 게을러지지 않던가?

바로 여기에서 우리는 기를 훈련하는 것이, 그러니까 내 육체와 행동 습관을 훈련하는 일이 옳은 생각 옳은 마음을 부동심하여 유지하고 사는 데 매우 중요하다는 점을 깨닫게 된다. 육체와 행동 습관 훈련의 중요성을 알았다면 이제 맹자의 그 유명한 호연지기(浩然之氣)를 배울 단계가 된 것이다. 앞서 맹자는 누군가의 말이 이해되지 않으면 자신의 마음에서 그 뜻을 생각해 보아야 한다고 했고, 자신이 세운 옳은 뜻에 기가 잘 따르도록 기를 잘 훈련하고 무리하게 함부로 하지 말라고 했다. 맹자의 부동심은 바로 이 두 가지에서 비롯된 것이다. 이것을 맹자는 지언(知言)과 호연지기라 표현했다.

호연지기는 맹자가 만든 표현이다. 우리는 흔히 호연지기라고 하면 명산대천에 찾아가서 호방한 기상을 키우는 것이라 생각한다. 그래서 꼭 자연 속에서 수련할 때 호연지기를 기른다는 말을 하곤 한다. 그런데 맹자의 호연지기는 정말이지 명산대천과 전혀 상관이 없다. 아마 명칭 자체가 호연한 기운, 즉 크고 강대한 기운이기 때문에 지레 그렇게 생각한 것이 아닌가 싶다. 그럼 진짜 호연지기란 뭘까? 대화하던 공손추가 호연지기가 무엇이냐고 묻는데, 맹자는 말로 표현하기 어렵다면서도 이렇게 표현해 준다.

"이 호연지기는 그 기가 엄청 크고 엄청 강한데, 바르게 기르고 방해하는 것이 없으면 나중에는 온 세상에 가득 차게 된다. 이 기는 의로움과 바른길을 짝으로 해서 성장하기 때문에 이것들이 없으면 허약해서 아무 힘을 쓰지 못한다. 이것은 의로운 행동을 통해 내면에 의가 쌓여서 생겨나는 것이지 외부에 있던 의로움이 어느 한순간 밖에서 밀고 들어와서 갖게 되는 것이 아니다. 우리가 어떤 행동을 할 때 마음에 좀 꺼림칙하다 싶은 점이 있으면 이것은 풀이 죽어 힘을 쓰지 못한다. 그렇기 때문에 내가 '고자는 의로움에 대해 알았던 적이 없다' 하였으니, 의로움이란 게 외부에 있다고 여기기 때문이다."

其爲氣也, 至大至剛, 以直養而無害, 則塞于天地之間. 其爲氣也, 配義與道, 無是, 餒也. 是集義所生者, 非義襲而取之也. 行有不慊於心, 則餒矣. 我故曰, 告子未嘗知義, 以其外之也.

이렇게 큰 기운을 상상해 본 적이 있을까? 바르게 키우고 해치지 않으면 나중에는 무려 온 세상에 가득 찰 수 있을 정도의 기운이다. 한 개인이 키운 기운이 온 세상을 채울 수 있을 정도라니 얼마나 크고 강한 기운인가. 이것이 가능한 이유는 이 기운이 의(義 옳음)와 도(道 바른길)와 짝하기 때문이다. 의라는 것은 사람이 사람답게 사는 원칙이고, 도라는 것은 자연의 스스로 그러한 이치이다. 자연과 인간의 정당한 이치와 짝하는 것이므로 그 기운을 키운 이도 그만큼 커지고 정당해지는 것이다.

그렇다면 이 호연지기는 어떻게 기를 수 있을까? 맹자는 '집의소생(集義所生)'이라고 말한다. 즉 '의를 축적하여 생겨나는 것'이라는 말이다. 주희는 '의를 축적하다'는 '집의'에 '적선(積善)과 같다'라는 주를 달았다. 우리는 흔히 가난한 사람에게 물질적인 도움을 주는 것을 적선한다고 표현하는데, 적선이란 '선을 쌓는다'라는 뜻이다. 의를 축적한다는 말은 곧 선을 쌓는다는 말과 같다는 것이다. 모으다[集]와 쌓다[積]라는 동사에 주의를 기울여야 한다. 맹자는 차곡차곡 모으고 쌓아서 길러지는 것이지, 절대 이것은 하루아침에 갑자기 밖에서 내 안으로 훅 들어와 가질 수 없는 것이라고 단언한다. 이를테면 한순간의 깨달음, 어떤 사람의 감동적인 훌륭함, 거대한 한 번의 사건 같은 것으로 한 번에 가질 수 있는 게 아니란 말이다. 집의하고 적선할, 그러니까 의를 모아야겠다, 선을 쌓아야겠다는 결심에 도움을 줄 수 있을지는 모르지만 그 자체로 나를 한순간 대단하게 변모시키지는 못한다는 말이다. 감동적인 사건도 어떤 상황에서도 흔들리지 않는 크고 강한 기운을 가진 사람으로 변모시키지 못하는데, 당연히 명산대천이야 더 말할 필요가 없을 것이다.

맹자는 세상에 흔들리지 않고 되레 내가 키운 바른 생명력으로 세상을 흔들고 싶다면, 반드시 이 호연지기를 기르는 일에 내내 매달릴 것, 그러나 효과나 성과를 미리 기대하지 말라는 주의를 준다. 마음에서 한시도 잊지 않고 매달려야 하지만 빨리 무슨 효과가 나타나기를, 성과를 거두기를 기대해서는 안 된다는 것이다. 그러면서 어리석은 송나라 농부 이야기를 들려준다. 옛날에 어떤 송나라 사람이 있었는데, 그 사람은 자기가 벼의 싹을 심어 놓고 잘 자라지 않을까 걱정이 됐다. 너무 걱정스러운 나머지 싹이 자라는 걸 도와주기 위해 그 싹을 조금씩 뽑아 둔 것이다. 그러고는 아무것도 모른 채 집에 돌아와서 집안사람들에게 자랑스레 말했다. "오늘 아주 피곤하구먼. 내가 모가 자라는 것을 도와줬거든!" 그 이야기를 들은 아들이 감이 왔다. '아이고! 저런!!' 당장 논으로 달려가 보았는데, 아뿔싸, 이미 한발 늦었다. 모는 이미 다 말라 죽어 있었다. 이야기 끝에 맹자는 말한다.

"참 어리석죠? 그런데 세상에는 모 자라는 것을 돕지 않는 사람이 오히려 드뭅니다. 이 생명력을 기르는 것이 유익할 게 없다고 생각해서 내버려두는 건 김매지 않는 것이고, 이것이 자라나는 걸 돕는 건 벼의 싹을 뽑아 버리는 것과 같지요. 성장을 돕는 것, 즉 조장(助長)하는 건 무익한 정도가 아니라 되레 해치는 짓입니다."

그래서 '조장(助長)'은 글자 그대로만 보면 하등 나쁠 게 없는 말 같지만 실은 억지로 성장을 도와 되레 그 대상을 해치는, 좋지 않은 의미로 쓰인다. 미리 기대해서도 안 되지만 반대로 방치해서도 안 된다. 싹 자라는 걸 돕는답시고 지레 뽑아서도 안 되지만 그렇다고 놔두면 알아서 크겠거니 해서 방치하고 김매지 않으면 수확할 것이 없다. 농사는 한 해 동안 오롯이 노력을 기울여야 수확할 수 있다. 그 한 번의 수확을 위해 모내기의 힘겨움과 잡초와 병충해와의 싸움, 자연재해와의 싸움을 기꺼이 겪어 내야 한다. 그 매일의 노력이 쌓여 풍년을 이루고 또 한 해 살아갈 결실을 얻는다. 바로 이 꾸준함이, 지속적인 매일의 노력이 호연지기를 제대로 길러 내는 유일한 방법입니다.

호연지기는 어떤 상황에서도 사람의 기본을 잃지 않게 하는 의로운 기운이라고 할 수 있다. 이는 작은 이욕에 흔들려 사람됨을 버리지 않을 수 있게 해 준다. 어떤 경우에도 사리사욕에 흔들리지 않고 옳은 길을 지켜 낸 사람을 우리는 하늘이 낸 특별한 사람이라 보고 먹고사는 것도 해결하기 힘든 평범한 내가 따라 할 바가 아니라고 한다. 그러나 맹자는 그렇지 않다고 말한다. 그저 일상에서 튼튼한 기초를 쌓은 사람일 뿐이라고. 어느 날 문득 깨달아 변화할 것을 바라지 않고, 조급하게 빨리 성장해 멋진 모습을 갖추게 될 것을 바라지도 않으며, 성장이 더딘 것 같아도 포기하지 않으며 매일매일 의를 모으고 선을 쌓은 결과일 뿐이라고 말한다. 세파에 흔들리지 않는 마음은 대단한 것이 아니지만 튼튼한 기초에서 비롯된다. 매일매일 나는 소박하고 작은 의로움을, 옳음을 지키며 쌓아 가고 있는가? 그것이 내일 세상의 거대한 유혹과 싸울 내 힘을 결정할 것이다.

호연지기 다음으로 맹자는 자신이 부동심할 수 있는 동력으로 지언을 꼽았다. 이는 이를테면 언설(이론)에 대한 분석력과 통찰력을 가지고 있다는 말이다. 우리는 말의 홍수 속에서 살아간다. 그럴듯한 말로 내 정신을 혼란시키는 말들이 너무 많다. 매체도 너무 많고 거기서 쏟아져 나오는 정보도 엄청나다. 언론의 문제를 많이 지적하는 요즈음인데, 그래서 사람들은 그럼 어떤 것이 제대로 된 기사, 좋은 기사인지 알 수 있느냐고 질문한다. 부동심, 즉 마음이 흔들리지 않으려면 내게 들려오는 말(온갖 언설, 이론 등)에 대해 분석력과 통찰력이 있어야 한다. 마음은 자기 욕망 때문에도 흔들리지만, 가만히 있다가 남의 말 때문에 흔들리기도 하기 때문이다. 맹자가 말한 지언이란 어떤 것일까?

"편파적인 말에 대해서는 그 편견의 소재를 간파하고, 장황한 말에 대해서는 매몰되어 있는 부분을 간파하며, 정도와 어긋난 말에 대해서는 괴리된 부분을 간파하고, 자기변명인 말에 대해서는 옹색한 부분을 간파하는 것이지. 이런 잘못된 것들은 마음에서 생겨나 나라의 온갖 정책을 망치고, 정책에 발현되면 온갖 일을 망친다."

詖辭知其所蔽, 淫辭知其所陷, 邪辭知其所離, 遁辭知其所窮. 生於其心, 害於其政; 發於其政, 害於其事.

여기서 '말'이라는 것은 언어로 표현한 모든 것을 포함한다. 그래서 언설이나 이론이라고 한 것이다. 글도 넓은 의미의 말에 포함된다. 현란한 말이나 글은 언제나 사람을 홀린다. 말을 잘하고 글을 잘 쓰는 것도 큰 재주인데, 사실 이것이 내 안에 깊이와 넓이가 다 채워져 있기 때문에 갖는 능력이 아니라는 점에 주목할 필요가 있다. 깊이와 넓이를 갖춘 통찰력을 갖지 못했을 때 그저 화려한 겉모양만 갖춘 빈껍데기의 향연일 뿐인데, 그 '있어 보임'에 '뭔가 대단한 것 같은 느낌적인 느낌'에 실제로 많은 사람이 현혹되고 끌려간다. 내용 없는 현란함에 현혹되어 내용이 없는 줄도 모르고 흔들리는 것이다. 그러나 바른 뜻이 서 있는 사람은 그런 말에 대해 질문할 줄 안다. "그 말 안에 대체 무엇이 담겨 있지?" "그러니까 핵심이 뭐지?"라고 말이다. 끌려가지 않으려면 상대를 일일이 파악하는 능력보다 내 중심을 세우는 능력, 그것이 훨씬 더 중요하다. 공자에게 언젠가 제자인 자공(子貢)이 '밝은 판단력'에 대해 물은 일이 있다. 그때 공자는 이렇게 답해 주었다.

"서서히 스며드는 물처럼 슬며시 다가와서 내 정신을 야금야금 마비시키는 누군가에 대한 험담 그리고 너무나 살 떨리는 내용이라 듣는 순간 꼭지가 돌아 진실이고 뭐고 더 알아볼 생각조차 들지 않는 자극적인 하소연, 이 둘에 흔들리지 않는다면 밝은 판단력을 지니고 있다고 할 수 있다. 아니, 이런 험담과 하소연에 흔들리지 않는다면 밝을 뿐만 아니라 멀리까지 내다볼 줄 아는 판단력을 지녔다고 할 수 있다."

浸潤之譖, 膚受之愬, 不行焉, 可謂明也已矣. 浸潤之譖, 膚受之愬, 不行焉, 可謂遠也已矣. 논어. 안연

한번쯤 듣는 단조로운 험담이나 하소연으로부터는 크게 자기 철학을 제대로 쌓지 않아도 자유로울 수 있다. 그러

나 서서히 스며드는 물처럼 슬며시 다가와서 야금야금 내 정신을 마비시키는 것은 내가 거기에 당하고 있는지 파악하기 어렵다. 너무나 자극적인 내용은 순간적으로 감정을 일으키기 때문에 냉정한 판단력이 일어나지 못하기 십상이다. 이런 상태가 되면 나는 동심(動心)하게 된다. 즉 마음이 움직이게 되는 것이다. 맹자가 부동심하기 위해 갖춰야 한다는 지언은 이런 상태에서도 상대가 가리려는 부분, 빠져 있는 부분, 치우친 부분, 옹색한 부분을 파악한다는 것을 말한다.

자기 안에 바른 기준이 없으면 지언할 수 없고, 지언, 즉 말을 파악할 수 없으면, 맹자는 '이런 잘못된 것들이 마음에서 생겨나 나라의 온갖 정책을 망치고, 정책에 발현되어 온갖 일을 망친다'라고 말했다. 그래서 맹자는 사이비(似而非)를 매우 싫어했다. 사이비는 글자 그대로 '비슷하지만 아닌 것'이다. 맹자는 공자의 말을 인용해 사이비를 싫어하는 이유를 이렇게 밝힌다.

"내가 가라지를 싫어하는 건 그게 벼와 혼동될까 걱정해서이고, 말재주 좋은 이를 싫어하는 건 그가 세 치 혀로 올바름의 기준을 농락할까 걱정해서이며, 말을 많이 하는 사람을 싫어하는 건 그의 빈말이 신의를 망가뜨릴까 걱정해서이고, 저급한 유행가를 싫어하는 건 그것이 아악의 품위를 손상시킬까 걱정해서이며, 자주색을 싫어하는 건 그것이 빨강의 기준을 흩트릴까 걱정해서이고, 지역사회의 위선자를 싫어하는 건 그가 도덕의 기준에 균열을 낼까 걱정해서이지요."

孔子曰: 惡似而非者: 惡莠, 恐其亂苗也; 惡佞, 恐其亂義也; 惡利口, 恐其亂信也; 惡鄭聲, 恐其亂樂也; 惡紫, 恐其亂朱也; 惡鄉原, 恐其亂德也. 君子反經而已矣. 經正, 則庶民興; 庶民興, 斯無邪慝矣.

진심 하

바른 철학을 정립하지 못하면 사이비에 끌려다닌다. 종교에만 사이비가 있는 게 아니다. 세상에는 바른 뿌리를 갖지 못한 사이비가 넘친다. 흔들리지 않으려면 내 삶의 방향, 공동체의 목적에 대해 내 안에 옳은 기준을 반드시 세워 두어야만 한다. 맹자가 부동심하게 된 건 그냥 그렇게 태어나서가 아니다. 끊임없는 공부로 자기 안에 바른 기준을 세웠고, 그것을 실천할 수 있도록 끊임없이 자신의 행동 습관을 훈련한 덕분이다. 세상의 유혹과 파도는 절대 만만하지 않다. 그 속에서 흔들리지 않고 사람으로 태어난 나의 가능성을 잘 꽃피워 제대로 사람답게 사는 것은 어려우면서도 생각보다 쉽고 쉬우면서도 지독히 어려운 일이다. 하루하루의 작은 일을 지켜 내는 데서 비롯하기 때문이다. 오늘의 공부, 오늘 공부를 통해 배운 것의 실천이 그 시작이고 어쩌면 그 전부이다. 작은 것이 절대 작지 않다.

죽음보다 싫어하는 것이 있습니다

어떤 큰일 앞에서도 어떤 두려운 상황 앞에서도 마음이 흔들리지 않게 훈련이 된 사람의 가장 큰 장점은 무엇일까? 어떤 경우에도 사람다움을 저버리지 않고 옳은 선택을 할 수 있다는 것일 터이다. 그런 사람은 그 선택으로 자신이 불리함을 겪거나 위태로운 처지에 놓이게 되더라도 비굴하게 자신의 신념을 저버리는 짓은 하지 않는다. 맹자가 이익으로 혈안이 되어 전쟁으로 가득한 시기에 자신의 이론을 듣고 자기를 채용해 줄 것을 바라며 각 나라를 돌아다니면서 그 어느 왕 앞에서도 몸을 굽히지 않고 신념을 꺾지 않을 수 있었던 힘이 여기에 있다.

사실 "네가 그러고도 사람이냐?"라는 말을 듣고도 아무렇지 않을 사람은 없다. 사람이 생존의 욕구를 해결하면 그다음으로 강하게 치고 나오는 욕구가 아마도 명예욕이 아닐까 싶다. 대단히 찬란한 명예를 말하는 게 아니다. 그저 좋은 사람 괜찮은 사람이라는 칭찬, 겪어 보니 진국이라는 인정, 저만한 사람도 드물다는 추어줌, 이런 것들은 슬며시 나를 미소 짓게 하고 어쩐지 어깨에 힘이 빡 들어가게 해 준다. 누구나 사람답게 살면서 사람'답다'는 찬사를 듣고 싶은 것이다. 그러나 사는 게 만만치 않아 곧게 세워 놓은 신념이 상황에 흔들릴 때가 부지기수이다. 나의 흔들림은 내가 안다. 그러나 흔들린 뒤에 우리는 '합리화'를 시도한다. 겉으로 포장하거나 거짓말을 살짝 뿌리거나 몰래 덮어 둔다. 굳이 이렇게 하는 이유는 어쩌면 우리가 선한 본성을 타고난다는 데 대한 반증일지도 모르겠다. 선한 본성이 아직 살아 있을 때 인과 의에 반하는, 그러니까 선한 신념에 반하는 내 행동이 먼저 나를 부끄럽게 하기 때문이다. 위에서 말한 명예욕도 어느 만큼은 성선이 반영된 욕구일지 모른다는 생각이 든다. 다만 곧이곧대로 인과 의를 실천하며 살기 어렵기 때문에 인과 의

마저 편법으로 취해 내 것으로 덧입고 싶어 한 결과일 뿐일 것이다. 신념은 어느 한순간 깊은 깨달음과 함께 절로 이루어지는 것이 아니다.

전국시대 각국의 군주들에게 인기 있던 이론가는 종횡가들이었다. 이들은 시세를 판단하고 기회를 틈타 나라들을 이리 묶고 저리 연합해 그 사이에서 권력을 쥐거나 쥐려 했던 정치 책략가들로, 당장에 눈에 보이는 결과를 제시하기 때문에 인기가 있었다. 맹자가 이런 종횡가에 몸담고 있는 경춘(景春)이란 인물과 논쟁한 장면이 흥미롭다. 먼저 경춘이 자랑스레 말했다.

"각각 합종(合從)의 방법과 연횡(連橫)의 방법으로 천하를 호령했던 공손연(公孫衍)과 장의(張儀)야말로 진짜 대장부가 아니겠습니까? 그들이 한 번 성을 내면 모든 나라 지도자들이 겁을 먹었고, 그들이 편안하게 조용히 지내면 온 세상이 고요했으니 말입니다."

"그런 걸로 어찌 대장부라고 할 수 있겠습니까? 선생께서는 아직 예(禮)를 배우지 않으셨나 봅니다그려. 남자가 성년식을 치를 때는 아버지가 훈계하고, 여자가 혼례를 치를 때는 어머니가 훈계하는 법이지요. 딸이 시집갈 때

어머니는 문에서 전송하며 이렇게 말해요. '네 집에 가거든, 이제 시댁이 네 집이다. 반드시 시어른들을 공경하고 몸가짐을 살피며, 지아비의 뜻을 어기는 일이 없어야 한다. 알겠니?' 순종을 바른 가치로 여기는 것은 부녀자의 길입니다."

景春曰: 公孫衍·張儀, 豈不誠大丈夫哉? 一怒而諸侯懼, 安居而天下熄.

孟子曰: 是焉得爲大丈夫乎? 子未學禮乎? 丈夫之冠也, 父命之; 女子之嫁也, 母命之. 往送之門, 戒之曰: 往之女家, 必敬必戒. 無違夫子. 以順爲正者, 妾婦之道也. 등문공하

경춘에게 대답할 때 맹자가 피식 한번 웃었을 것만 같은 대답이다. 공손연과 장의 모두 동맹과 연합을 통해 전국 칠웅의 힘을 이리저리 운용하는 것으로 이름을 드날린 종횡가의 인물들로, 합종책을 내세웠던 공손연은 무려 다섯 나라의 재상을 겸하기도 했다. 그러나 각국이 서로 모시지 못해서 안달인 이런 인물들에 대해 맹자는, 이들이 군주들 비위나 맞추고 있는 소인배일 뿐 대장부가 아니라고 말했다. 맹자가 보기에 이들은 부녀자에 불과했다. 물론 여성 비하의 냄새가 나기는 하지만 이 시대의 풍조

가 여자의 미덕을 저렇게 규정했던 것이고, 지금 다른 말로 하자면 조폭 조무래기의 행동 강령이라고 할 수 있겠다. 이들은 각국의 지도자들도 두려워하는 전략가들이었으니 그 위상이 대단하게 보일 수도 있겠지만, 그 내부를 찬찬히 들여다보면 이들이 힘과 권력을 얻은 비결은 자신의 생각을 당시 지도자인 왕들의 구미에 맞추면서 그들과 또한 권력자들의 약점을 캐고 이권을 조종한 것뿐이었다. 철저히 사욕에 머물렀던 것이다. 한 번도 떳떳한 세상의 이치를 생각해 본 적이 없는 자들이었다. 그러니 부동심의 경지를 이룬 맹자의 눈에는 우습게 보일 수밖에. 그렇다면 진짜 대장부란 어떤 사람일까?

"진정한 대장부는 천하의 너른 집에 살며 천하의 바른 자리에 서서 천하의 큰 도를 행하는 사람입니다. 뜻을 얻으면 사람들과 함께 그 길을 가고 뜻을 얻지 못하면 홀로 그 길을 걷습니다. 부귀가 그를 동요하게 하지 못하고 위력이 그를 굴복시키지 못하니, 이런 사람을 일러 대장부라고 합니다."

居天下之廣居, 立天下之正位, 行天下之大道. 得志與民由之, 不得志獨行其道. 富貴不能淫, 貧賤不能移, 威武不能屈, 此之謂大丈夫.

천하의 너른 집이란 인(仁)을, 천하의 바른 자리란 예(禮)를, 천하의 큰 도란 의(義)를 각각 가리킨다. 그러니 풀어서 번역해 보면 다음과 같다.

"대장부는 말입니다, 삶의 지표를 자기의 사사로운 욕망에 두지 않습니다. 세상 모든 것을 치우침 없이 아끼고 사랑해서 '나의 것'이라는 담장을 치지 않습니다. 그러니 드넓은 천하가 그의 집이 됩니다. 그리고 윗사람이나 힘 있는 사람이 세워 주는 자리가 아니라 함께 사는 세상의 질서에 비추어 자신이 서야 할 합당한 자리를 선택합니다. 그러니 그가 선 위치는 세상 어디에서 보아도 올바른 자리가 됩니다. 그리고 그 마음과 위치에서 모든 일을 이치에 비추어 마땅하고 정정당당하게 처리합니다. 그러니 그가 걷는 길은 세상에 다시없는 떳떳한 큰길입니다. 뜻을 펼칠 기회를 얻으면 세상 사람들과 함께 그 길을 가고, 뜻을 펼칠 기회를 얻지 못하면 홀로 그 올바른 길을 걷지요. 많은 재물과 높은 지위도 그의 마음을 어지럽히지 못하고, 가난과 비천한 신분이 그의 뜻을 바꾸지 못하며, 위압과 무력으로도 그를 굴복시키지 못해요. 바로 이런 사람을 대장부라고 하는 것입니다."

대장부란 인(仁)의 시선으로 세상을 바라보고, 예(禮)의 기준으로 자기 위치를 정하며, 의(義)에 따라 세상을 걷는 사람이다. 공손연과 장의는 지도자들이 준 위치이니 지도자들이 빼앗을 수 있지만 인과 예와 의의 기준으로 자신을 규정한 대장부의 삶은 그 누구도 흔들거나 빼앗을 수 없다. 뜻을 펼칠 기회야 얻을 수도 있고 그렇지 못할 수도 있다. 하지만 평생 자기 삶만은 타인에게 조종당하지 않고 오롯이 '자기 자신'으로 살아갈 수 있다. 겉이 화려해지는 삶이냐, 진짜 나로 살아가는 삶이냐 선택은 자신의 몫이다.

더 나아가 끊임없이 나 자신을 그 어떤 상황에서도 부동심할 수 있도록 훈련하면 우리는 말 그대로 의를 위해, 오롯이 바르게 세운 내 신념을 위해 나 자신도 버릴 수 있는 경지에 이를 수 있다고 맹자는 말한다.

"생선 요리도 내가 좋아하는 것이고, 곰발바닥 요리도 내가 좋아하는 것이지만 둘 다 먹을 수 없다면 생선 말고 곰발바닥을 선택할 겁니다. 삶도 내가 원하는 것이고 올바름도 내가 원하는 것이지만 둘 다 다 가질 수 없다면 삶 말고 올바름을 선택할 겁니다. 물론 삶도 내가 원하는 것이지만 삶보다 더 간절히 원하는 것이 있기 때문에 구차하게 삶을 얻으려고 하지 않는 것입니다. 죽음 역시 내가 싫어하는 것이지만 죽음보다 훨씬 더 싫은 게 있기 때문에 죽을지도 모르는 환난이 닥쳐도 피하지 않는 겁니다.

만약 사람들이 삶보다 더 간절히 원하는 것이 없다면 살기 위해 무슨 방법이든 어찌 다 쓰지 않겠으며 사람들이 죽음보다 훨씬 더 싫은 게 없다면 죽을지도 모르는 환난을 피하기 위해 무슨 짓이든 어찌 다 쓰지 않겠습니까? 그런데 이 양심을 가지고 있기 때문에 살 수 있는데도 그 방법을 쓰지 않고, 떳떳한 양심이 있기 때문에 환난을 피할 수 있는 방법을 알면서도 그 방법을 쓰지 않는 일이 있습니다. 이 때문에 삶보다 더 간절히 원할 만한 게 있고, 죽음보다 훨씬 더 싫어할 만한 게 있다는 걸 알 수 있습니다. 유독 현자만 이런 마음을 가지고 있는 것이 아니라 사람이면 누구나 가지고 있는데, 현자는 그저 그 마음을 잃지 않았을 뿐입니다."

魚我所欲也, 熊掌亦我所欲也, 二者不可得兼, 舍魚而取熊掌者也. 生亦我所欲也, 義亦我所欲也, 二者不可得兼, 舍生而取義者也. 生亦我所欲, 所欲有甚於生者, 故不爲苟得也. 死亦我所惡, 所惡有甚於死者, 故患有所不辟也. 如使人之所欲, 莫甚於生, 則凡可以得生

者, 何不用也? 使人之所惡, 莫甚於死者, 則凡可以辟患者, 何不爲也? 由是則生而有不用也, 由是則可以辟患而有不爲也. 是故所欲有甚於生者, 所惡有甚於死者. 非獨賢者有是心也, 人皆有之, 賢者能勿喪耳. 고자상

생과 사의 기로에서 의를 선택하는 힘에 대해 말하고 있다. 사람이면 누구나 생을 원하고 사를 피하려 한다. 죽지 않기 위해, 혹은 내가 사랑하는 이를 살리기 위해 무슨 짓이든 다 하는 모습을 우리는 어렵지 않게 보지 않는가. 드라마나 소설에서도 사건의 개연성을 만드는 장치로 흔히 쓰일 만큼 우리는 그것이 인간의 당연한 반응이라 생각한다. 생과 사의 기로에서 당연히 생을 선택하는 게 인지상정이라면 내 위치와 지혜로 지금 닥쳐오는 어려움을 충분히 피할 수 있는 경우 피하는 게 당연할 것이다.

그러나 대의(大義)를 위해 그렇게 하지 않는 사람들이 있다. 사회가 혼란해질수록 우리는 그런 사람을 찾는다. '우리'를 위해 '나'를 희생하는 사람, 그런 사람을 우리는 지사(志士)라 한다. 내가 그런 사람이 되는 게 아니라 그런 사람을 찾는 이유는, 그럴 수 있는 사람은 특별히 남다른 성정을 가지고 태어난다고 생각하기 때문이다. 그러나 맹

자는 '사람이면 누구나 그런 마음을 가지고 있는데, 현자는 그 마음을 잃지 않았을 뿐'이라고 단언한다. 생과 사의 기로에서 사람다움을 선택할 수 있는 건 타고난 특별한 능력이 아니라 매일의 훈련으로 그 마음을 잃지 않고 단단히 한 결과일 뿐이라는 것이다. 그러면서 아주 재미있는 예를 든다.

"여기 며칠 굶은 사람이 있다고 해 봅시다. 그 사람은 지금 밥 한 그릇, 국 한 그릇이라도 먹어야 살 수 있고 아니면 죽음이 곧 덮치게 생겼습니다. 이런 상황이라고 해도 누군가 먹을 걸 주면서 쯧쯧거리고 꾸짖으면서 주면 그건 노숙인이라 해도 받지 않고, 발로 차서 주면 거지라 해도 그런 건 받을 가치가 없다고 여깁니다.
그런데 참 이상한 건, 억대 연봉을 주면 이게 규범에 맞는 건지 정당한 건지 묻지도 따지지도 않고 받습니다. 그저 부자 동네의 멋진 집을 사고, 미녀들을 마음껏 거느리고, 나에게 굽신거리며 내 돈 좀 어떻게 받아 볼까 하는 주변의 돈 없는 사람들에게 돈을 주기 위해서 그렇게 합니다. 조금 전엔 밥 한 그릇 안 먹으면 죽을지도 모르는 상황인데도 그런 밥은 차라리 안 먹겠다고 안 받다가 이제는 고작 좋은 집에 좀 살아 보겠다고 그 돈을 받고, 아까는 죽음도 불사하고 모욕적인 밥 안 받다가 이제는 고작 미녀들 좀 거느려 보겠다고 그걸 받고, 전에는 죽는 한이 있어도 자기를 지킨다며 안 받다가 이제는 고작 자기 주변의 돈 없는 사람들에게 떵떵거리며 돈 좀 주겠다고 그걸 받으니, 이런 짓 좀 그만둘 수는 없는 겁니까? 이런 걸 보고 본래의 선한 마음을 잃었다고 하는 것입니다."

一簞食, 一豆羹, 得之則生, 弗得則死. 嘑爾而與之, 行道之人弗受; 蹴爾而與之, 乞人不屑也. 萬鍾則不辨禮義而受之. 萬鍾於我何加焉? 爲宮室之美, 妻妾之奉, 所識窮乏者得我與? 鄕爲身死而不受, 今爲宮室之美爲之. 鄕爲身死而不受, 今爲妻妾之奉爲之, 鄕爲身死而不受, 今爲所識窮乏者得我而爲之. 是亦不可以已乎? 此之謂失其本心.

이 비유에서 자유로운 사람은 매우 드물 것이다. 이 본문을 처음 읽었을 때 내가 아무렇지 않게 행했던 모순을 그대로 지적받는 것 같아 혼자서 얼굴이 붉어졌던 기억이 난다. 한두 푼 앞에서는 세울 수 있던 자존심이 왜 수백 수천 수억 앞에서는 씻은 듯 사라지는 걸까? 맹자는 말한다. 그 적은 돈이 오히려 살아가는 데 더 절실한 거 아니었냐고. 너를 변심하게 하고 타락하게 하고 굴종하게 한 그 큰돈 큰 조건은 사실 따지고 보면 네 생을 유지하는 데 절실한 건 아니지 않았냐고. 세상이 나를 유혹하며 하는 말들이 24시간 모든 매체에서 흘러나온다. 맹자가 말한 지언의 능력을 갖추지 않고서는 도저히 바로 서려 해도 설 수 없는 환경이다. 이러한 풍조의 집요한 유혹 속에서 나를 지키려면 내 행동이 내 습관이 내가 애써 노력하지 않아도 바른길을 선택할 수 있도록 훈련해서 호연지기를 갖추지 않고서는 어림없는 일이다. 맹자가 그 어떤 왕 앞에서도 신념을 굽히지 않을 수 있었던 것은 끊임없는 훈련의 결과였다고 할 수 있겠다.

사람이 한 번 사는 것은 모두에게 다 똑같은 조건이고 내 삶이 어땠는가 하는 결과는 오롯이 내 몫이다. 그런데 가만 생각하면 바로 그 오롯이 내 몫인 내 삶을 우리는 너무 자주 '어쩔 수 없다'는 이유로 그저 세파에 흘려보내고 있지는 않을까? 맹자를 읽을 때면 종종 '입춘(立春)'이 떠오르곤 한다. '입춘'은 대개 이렇게 봐도 저렇게 봐도 한창 겨울인 때 찾아온다. 그래서 해마다 입춘이면 사람들이 "입춘인데 뭐 이렇게 추워?" 하는 말을 듣곤 한다. 그건 아마도 입춘이란 말을 들을 때 '춘', 그러니까 '봄'에 방

점이 찍혀 들려서 그런 게 아닐까 싶다. 그러니 혹 한자에 약한 젊은 세대들은 '봄이 오다'라는 의미로 입춘의 '입'을 '入(들 입)'이라 생각하지 않을까? 하지만 입춘의 입은 '立(설 립)'을 쓴다. 봄이 자기 기운을 세우기 시작했다는 의미이다. 봄이 와서 입춘이 아니라 세상은 여전히 추운 겨울 가운데 서 있다고 느끼지만 봄이 동토에, 그러니까 겨울 땅에, 추위로 언 땅에 봄기운을 세우기 시작했기 때문에 입춘인 것이다. 참 멋지지 않은가?

입춘을 생각하면 영화 〈반지의 제왕〉의 한 장면이 생각난다. 회색의 마법사 간달프가 지하 동굴에서 반지 원정대 동료들을 무사히 내보내기 위해 그들을 다리 건너로 보내고 어둠의 다리 위에서 고대의 악마 발록과 홀로 대치하며 목숨을 걸고 "You Shall Not Pass(넌 절대 지나가지 못한다)!"를 외치던 장면 말이다. 간달프는 자신을 던져 어둠의 악마로부터, 그로 인한 죽음으로부터 동료들을 구한다. 그때 간달프는 강한 힘을 가지고 있지 않았다. 그러나 절대반지를 파괴해서 악의 세력으로부터 모든 세계를 지켜 내는 의로운 일을 수행하는 동료를 살려 내야 한다는 일념으로 자신의 목숨을 걸었다. 그 자신을 포함해 모두 그가 죽은 줄 알았지만 그 희생을 통해 그는 한층 더 강한 백색의 마법사로 다시 일어난다.

입춘이 그렇다. 입춘은 아주 작은 봄의 기운이 감히 겨울에게 "You Shall Not Pass!"를 외치는 순간이다. 그리고 그러거나 말거나 여전히 막강한 겨울은 봄기운을 집어삼키는 것 같으나 장하게도 봄기운은 깨어나고 결국 대지를 장악해서 연둣빛 새 생명을 지천으로 피워 낸다. 내게 맹자는 전쟁의 시대라는 동토에서 입춘을 선언한 사상가 같다. 이 혼란이 삼킬 수 없는 인간의 위대한 본성을 외쳤고, 그 본성이 제대로 꽃피었을 때 세상이 얼마나 아름다울지를 설득했다. 사람들은 그를 이상주의자라 했지만 그의 꿈은 스러지지 않았고 역사의 굽이굽이마다 다시 살아나 희망이 되었다.

조선에서 대한민국으로, 다시 내일로

당시 모두가 이상주의라 말했던 맹자의 꿈은 꿈으로 끝났을까? 《맹자》에 보면 아주 작은 등나라가 그의 생각을 받아들이지만 나라가 너무 작았던지라 제대로 꽃피지 못하고 끝나 버렸다. 하지만 중국 송(宋)나라 때 큰 철학자 주희를 통해 다시 일어나고 그렇게 일어난 맹자는 바로 우리 조선을 건국하는 정신적 뿌리로 기능했다. 맹자가 가장 크게 맹위를 떨친 나라가 바로 우리 조선이다.

조선은 마지막에 일본에게 나라를 빼앗겼기 때문에 사람들은 쉽게 조선을 비난한다. 그러나 단일 왕조가 500년을 유지한 역사는 세계 역사를 통틀어 봐도 아주 드문 경우이고, 특히 사료를 번역한 입장에서 들여다본 조선은, 감히 말하건대, 국가를 정립한 체제가 당시 세계 어느 나라에 견주어도 뒤지지 않을 정도로 뛰어났다. 조선은 독특한 나라였다. 군비를 확장해서 다른 나라를 침략해 전리품을 획득해서 나라의 부를 쌓은 것도 아니고 무역을 장려해 이 나라 저 나라와 교역해서 물자가 풍부했던 것도 아니다. 경제로 모든 것을 평가하는 지금 시대의 눈으로 보자면 조선은 가난한 나라였다. 확실히 같은 시대 중국이나 일본보다 가난했다. 그러나 통치자나 지배층 자체가 그런 힘과 부를 통해 정권을 유지하려는 모양새를 보이지 않았다. 그렇다면 어떤 힘으로 동일 왕조를 500년이나, 그러니까 동일한 체제로 500년이나 나라를 이어 갈 수 있었던 것일까? 조선이란 나라를 기획한 정도전(鄭道傳)이 바로 이 《맹자》를 토대로 새 나라를 꿈꾼 것은 잘 알려진 사실이다. 《맹자》는 조선과 시작부터 끝까지 함께한 사상이다.

정도전과 신진 유학자들이 새 나라를 꿈꾸며 고려 말에 가장 먼저 개혁했던 것이 토지였다. 왜 토지였을까? 항산을 만들기 위해서다. 항산이 있어야 백성이 항심을 가질 수 있다. 항산을 갖게 하려면 세금의 수준이 적절해야 한다. 세종대왕이 전분6등법과 연분9등법이라는 제도를 만들어 섬세하게 전세(田稅)를 조정했던 까닭도, 나라가 경제적으로 가장 힘들었던 시기에 대동법을 만들어 공납(貢納)의 폐단을 바로잡았던 까닭도 나라의 근본인 백성이 부모와 처자식을 부양하며 잘 살 수 있게 하기 위해서였다. 항산을 가졌으면 사람이 사람답게 사는 길을 가르치라고 했다. 그래서 조선은 동시대 그 어떤 나라보다 백성의 교육에 열을 올렸다. 왕의 가장 중요한 임무부터가 백성을 가르쳐 선하게 변화시키는 것, 즉 '교화(敎化)'였다. 조선의 다섯 궁궐의 대문 이름만 봐도 이 노력을 알 수 있다. 경복궁-광화문(光化門), 창덕궁-돈화문(敦化門), 창경궁-홍화문(弘化門), 덕수궁-인화문(仁化門), 경희궁-흥화문(興化門). 죄다 '化' 자가 들어가 있지 않은가. 지방 교육 체제도 매우 발달했다. 지방마다 서원을 설립하고 작은 고을에도 향교가 있다. 글 좀 아는 선비들은 지방 작은 마을 곳곳에서 서당을 열어 아이들을 가르쳤다.

조선은 놀랄 만큼 지적인 나라였다. 《춘향전》을 읽다가 무척 놀란 일이 있다. 이몽룡이 춘향이에게 반해서 무얼 공부하든 춘향이만 떠올리고 춘향이만 생각나는 걸 묘사한 대목인데 내용이 이렇다.

퇴령을 기다리라 하고 서책을 보려 할 제 책상을 앞에 놓고 서책을 상고하는데, 《중용》, 《대학》, 《논어》, 《맹자》, 《시전》, 《서전》, 《주역》이며 《고문진보》, 《통감》, 《사략》, 이백, 두시, 《천자문》까지 내어놓고 글을 읽는다.
"《시전》이라. '끼룩끼룩 우는 징경이새가 물가에서 노닐도다. 얌전하고 아름다운 아가씨는 훌륭한 남자의 좋은 배필이로다.' 아서라 그 글도 못 읽겠다."
대학을 읽는데, "《대학》의 도는 밝은 덕을 밝히는 데 있으며 춘향이에게 있도다. 그 글도 못 읽겠다."
《주역》을 읽는데, "원은 형 코, 정 코, 춘향이 코 딱 댄 코 좋고 하니라. 그 글도 못 읽겠다."
"〈등왕각서〉라. 남창은 옛 고을이요, 홍도는 신부로다(새 고을이란 뜻의 신부인데 춘향이가 제 신부가 된다는 뜻으로 들린 것). 옳다. 그 글 되었다."
《맹자》를 읽는데, 맹자께서 양혜왕을 뵈오니 왕이 이르기를 "영감께서 천 리를 멀다 않고 오셨으니, 춘향이 보시러 오시니이까?"

모든 글에 춘향이가 비쳐 죄다 저렇게 읽으니 옆에서 듣던 방자가 한마디 핀잔하니 이몽룡이 대꾸하다가 〈적벽부〉를 읽다 다시 《천자문》을 읽는다. 방자가 그 소리를 듣고 아니 무슨 《천자문》을 읽느냐고 한마디 하다가 자기도 그 정도는 안다고 받아친다. 이몽룡이 안다면 한번 읽어 봐라 하니 방자가 읊는다.

"예, 들으시오. 높고 높은 하늘 천(天), 깊고 깊은 따 지(地), 훼훼칭칭 감을 현(玄), 불에 탔다 누루 황(黃)."
"예 이놈, 상놈은 확실하다. 이놈, 어디서 장타령 하는 놈의 말을 들었구나. 내 읽을 테니 들어라. 하늘이 자시에 열렸으니 태극이 광대 하늘 천, 땅은 축시에 열렸으니 오행팔괘로 따 지, 넓고 넓은 하늘이 비고 또 비어서 사람의 마음을 지시하니 검을 현, 스물여덟 별자리, 금목수화토의 가운데 색 누루 황, 우주의 해와 달이 거듭 빛나니 옥황상제 거처하는 높고 험한 집 우(宇), 긴 세월 지난 도읍지도 흥하다가 쇠하니 예는 가고 오늘이 오는 집 주(宙), 우임금이 구 년 홍수 다스리니 기자가 덧붙여 설명한 홍범구주(洪範九疇) 넓을 홍(洪), 삼황오제 돌아간 뒤 나라를 어지럽히고 임금을 해치는 나쁜 사람들이 거칠 황(荒),

동방이 장차 밝게 열리려니 '밝고 밝은 하늘에 둥글고 붉은 해' 번뜻 솟아날 일(日), 수많은 백성이 태평을 노래하니 번화한 거리 연기에 어리는 은은한 달빛의 달 월(月)…'가련하게도 오늘 밤은 기생집에서 자겠구나'라고 노래하였으니 원앙금침에서 잘 숙(宿), 절대 가인과 좋은 풍류가 《춘추》에 나열되어 있으니 벌일 열(列), 달빛 은은한 한밤에 온갖 심사 베풀 장(張), 오늘은 찬바람 쓸쓸히 불어오니 침실에 들거라 찰 한(寒), 베개가 높거든 내 팔을 베어라 이만큼 오너라 올 래(來), 에후리쳐 질끈 안고 임의 다리에 들어가니 눈 내리는 찬바람도 더울 서(暑), …아내 푸대접 못 하니 《대전통편》에 법중 율(律), 군자의 좋은 배필 춘향 입 내 한데 대고 쪽쪽 빠니 법중 려(呂) 이 아니냐. 애고애고 보고지고"

꽤 길게 인용했다. 이렇게 길게 인용한 까닭은 이 내용이 얼마나 지적인가 하는 걸 드러내 보이기 위해서이다. 판소리는 서민의 오락이다. 장이 서거나 잔치가 열리면 사람들이 모여 앉아 들으며 노는 즐길 거리였다. 그런데 온갖 책을 다 인용하고 그 첫 구절 한마디씩을 다 인용한다. 이걸 들으며 장터의 사람들이, 잔치에 모여든 평범한 사람들이 재미있고 웃기다고 깔깔거리고 웃은 것이다. 천자문 같은 경우는 글자를 꽤 길게 인용하며 현란한 지식을 자랑하는 듯하다가 결국 춘향이 보고 싶다는 말로 빠지는데 글자 가지고 장난하는 것이 보통이 아니다. 마지막 呂(려) 자는 입 구 글자 두 개가 점 하나로 이어져 있는 모양이 두 사람이 뽀뽀하는 모양이라 저렇게 노래한 것이다. 사람들이 이 정도는 충분히 다 알아듣는 정도가 아니라 이걸로 우스갯소리를 한참 늘어놓을 만큼 익숙했다는 것이다. 지금 개그 프로그램에서 이런 개그를 한다고 하면 어떤 책을 인용해서 이만큼 말해야 관중의 호응을 얻을 수 있을까? 춘향전의 이 대목을 읽고 있노라면 구한말 개항기에 외국인들이 조선에 들어왔다가 집마다 아무리 가난한 집이라도 책이 없는 집이 없어 놀랐다는 말이 실감이 난다.

흥미로운 점은 이런 유난한 조선의 교육 내용이 실용 교육이 아니라 철저히 인문학 교육이었다는 것이다. 사람이란 무엇인지, 어떻게 해야 사람이 사람으로 살 수 있는 것인지. 조선 건국의 통찰을 제공한 맹자의 가르침을 아침부터 저녁까지 외우고 복습했다는 점이다. 맹자가 죽음보다 싫었던 것이 사람으로서 인과 의를 돌아보지 않고 사는 삶이었다. 이것을 죽도록 읽고 외우고 생각하고 공부했으므로 우리 민족은 언제나 꼿꼿했고 불의 앞에 당당했다. 나라가 침략을 당해 풍전등화의 위기에 놓였을 때 일어난 민중들이 결성한 군사의 이름이 벌써 '의병(義兵)'이지 않던가! 생각해 보면 재미있는 이름이다. 백성들은 까닭도 없이 남의 나라를 침략한 그들의 행위를 누가 뭐라지 않아도 이미 '불의(不義)'로 이해하고 있었던 것이다. 내 나라를 침략했으니 물러가라는 게 아니라 너희들의 행위가 의롭지 않으니 물러가라고 말한 것이다. 그리고 그런 불의 앞에 숨지 않고 군사를 조직하여 끝까지 항거했다. 한두 명이 아니라 전국에서 일어났다. 노비들까지도 의병에 참여했다. 조선은 앞서 맹자가 위정자들에게 말했던 것, 인과 의를 가르치면 백성은 나라가 위태로울 때 물러서지 않을 것이란 것을 실제로 증명한 사례인 셈이다.

조선의 문치주의에 대해 그 때문에 문약했다고 비난하는 이들도 많지만, 무려 500년이라는 어마어마한 기간을 싸잡아 문약 한마디로 정리하고 비난하는 것은 비난을 위한 비난이 아닐까? 일제강점기의 가스라이팅이 여전히 남아 있는 시선이라 생각한다. 단적인 예로 '실록'이라는 것을 기록한 것만 봐도 그렇다. 조선은 기록의 나라였다. 정말 대단한 기록의 나라였다. 개인부터 국가 운영까지 기록으로 남기지 않은 것이 없다. 기록으로 남긴다는 것은 그만큼 비리가 만들어질 가능성이 줄어드는 일이다. 또한 그만큼 자신 있다는 말이기도 하다. 지금 대한민국만 봐도 그렇지 않은가? 대통령 기록물을 조선의 실록처럼 만들고 있는가, 혹은 만들 수 있는가? 수정실록이 있기도 하지만 그렇다고 해서 그것이 대의 없이 자기 당파에 유리하도록 사사로이 실록을 수정한 것이라고 볼 수는 없다. 그런 의도였다면 이전 실록을 없애 버렸을 것이다. 대의 앞에서 당당했으므로 수정실록을 만든 자들은 이전 실록과 자신들이 수정한 실록을 둘 다 남겼다. 대조해 보라는 것이다. 이런 자세를 그저 지금의 정쟁과 같은 것으로 치부할 수 있겠는가?

지배층도 백성도 사람답게 살라는 가르침에 민감해서 왕이 매우 피곤했던 나라가 조선이었다. 임금이 잘못 가고 있으면 죽음을 불사하고 상소를 올리며 그 잘못을 곧장 지적한 건 조선에서 낯설지 않은 풍경이었다. 임금과 관리의 잘못을 지적하는 사간원과 사헌부는 '일이 있으면'이 아니라 '매일' 잘못을 찾아 고칠 것을 요구하는 게 임무였다. 그렇게 긴 역사를 잘 버틸 수 있었던 것은 수기치인(修己治人), 즉 공부를 통해 나를 끊임없이 바로잡고, 바로 세운 그 힘으로 다른 사람과 공동체를 바로잡는 것을 지식인의 책무로 삼고 그 어떤 가치보다 인과 의를 우선했던 국가철학이 있었기 때문이라 생각한다.

조선 최고의 성군이라 불리는 세종대왕의 가장 큰 특성은 백성을 가르치는 데 최선을 다했다는 점이다. 그는 백성에게 사람답게 사는 법을 가르쳐 인과 의를 스스로 행하는 백성으로 만들고자 애썼다. 재위 13년(1431)에는 《삼강행실도(三綱行實圖)》를 간행하여 반포하라고 명했다. 글을 읽을 수 없는 사람도 많으니까 그림[圖]을 곁들여 그림이라도 보고 배울 수 있게 한 것이다. 그리고 재위 14년(1432)에 율문(律文)을 이두로 번역해서 백성들이 법을 알 수 있게 하라고 명했다. 신하들은 백성이 법을 알게 되면 교묘히 피하는 교활한 짓을 할 것이라고 반대하자 세종은 다음과 같이 말하며 신하들을 다그쳤다.

"백성들이 법에 대해 무지한 상태로 죄를 범하게 하는 것이 옳겠느냐? 백성이 법을 모르는데 법을 범했다고 죄를 물으면 그건 그들을 기만한 것이라 할 수 있지 않겠느냐?

더구나 선왕들께서 법조문을 읽게 하는 법을 세우신 것은 사람들이 모두 법의 내용을 알게 하고자 하셨기 때문이다." 《세종실록(世宗實錄)》 14년 11월 7일(임술)

그리고 그는 결국 이 교육의 끝판왕을 만들어 낸다. 바로 한글 창제이다. 나라말이 중국 글과 달라서 백성들이 말하고자 하는 것이 있어도 제 뜻을 끝내 펼치지 못한다며 만든 것이 한글이었다. 말과 일치하는 글자, 그것도 배우기 쉽기로 따라올 것이 없는 글자. 사대부들이 아무리 박해해도 한글은 충분히 기능했다. 말과 일치하는 이 쉽고 과학적인 글자는 일단 탄생한 이상 도저히 사라질 수 없는 글자였다. 백성들은 원하는 것을 표현할 수단을 얻게 된 것이다. 심지어 사대부들도 중요한 경서의 '언해본'을 펴냈다. 한문으로 보자면 이렇게도 볼 수 있고 저렇게도 해석할 수 있는 문장이 한글로 풀면 뜻이 하나로 고정되기 때문이었다. 많이 배우고 표현할 수단도 가지게 된 백성, 다음은 참여로 이어졌다. 앞서도 말했지만 유학의 가르침은 반드시 더 나은 세상을 만드는 일에 참여하는 것이었다. 조선은 언로를 막는 것을 최악의 범죄로 여긴 나라였다. 우리는 '민주주의'라는 말은 몰랐지만 이것을 실현할 도구와 습관을 아주 오랫동안 몸과 마음에 지녀 온 셈이다. 3.1운동으로 시작해 우리는 아주 오랫동안 〈기미독립선언서〉의 '최후의 일인까지 최우의 일각까지 민족의 올바른 의사를 시원스럽게 발표하라'라는 말 그대로 살아왔다. 500년을 도도히 흐르던 이 정신은 우리 안에 그대로 남아 4.19 혁명이 되었고, 5.18 광주민주화운동이 되었으며, 촛불혁명이 되었고, 가장 최근에는 빛의혁명이 되어 나라를 내란이라는 불의로부터 구했다. 그리고 덧붙여 항상 공동체를 돌보라는 가르침은 유례없는 전염병 COVID-19 시대에 나보다 공동체를 위해 마스크를 쓰고 기꺼이 내 행동을 제약하는 힘이 되어 주기도 했다.

동아시아 삼국이라고 한·중·일을 묶어 말하지만 맹자가 태어난 중국은 우리만큼 맹자를 달가워하지 않았다. 명나라 태조 주원장(朱元璋)이 《맹자》를 읽다가 "군주가 신하 보기를 하잘것없는 흙이나 지푸라기처럼 하면 신하는 임금을 도적이나 원수같이 대합니다. [君之視臣如土芥, 則臣視君如寇讎.]"라는 대목에 크게 분개해서 맹자의 사당을 없애고 군주 권력에 반하는 대목을 삭제하고 새로 《맹자절문(孟子節文)》을 만든 사건은 유명하다. 일본에서도 사정은 크게 다르지 않다. 일본 역시 전국시대를 겪고 도요

토미 히데요시가 무력으로 통일을 이룬 이후 가장 강력한 무(武)로 지배한 시대, 도쿠가와막부가 메이지유신까지 집권했다. 앞서 《맹자》의 내용을 봐서 알겠지만, 이는 문이 무를 지배하지 못하면 자리 잡을 수 없는 철학이다. 도쿠가와시대 경연관은 일본 황태자를 위해 《맹자》를 강의할 때도 민본(民本)을 기피하며 강(講)하였다고 한다. 일본 에도시대 소설인 《우게쓰 이야기》에 나오는 〈시라미네〉라는 설화에는, 맹자가 무왕이 은나라의 폭군 주왕을 친 것에 대해 신하가 주군을 친 것이 아니라 인과 의를 상실한 무법자 주를 친 것이라 표현한 것을 거론하며 '중국의 서적은 경서와 사서는 물론이고 시문에 이르기까지 우리나라에 들어오지 않은 서적이 없으나 유독 이 《맹자》만은 아직 들어와 있지 않습니다. 이유인즉, 이 책을 싣고 우리나라로 들어오는 배는 반드시 폭풍우를 만나 침몰하기 때문이라고 전해지고 있습니다.'라는 내용이 있다. 물론 중국과 일본이 전 시기에 걸쳐 모두 배척했다는 것도 아니고, 두 나라에 《맹자》와 유학을 정밀하고 새롭게 분석하고 연구한 대단히 훌륭한 학자들도 많이 배출되었다. 다만 맹자의 사상이 한 나라 전체를 지배한 우리 분위기와는 매우 달랐다는 말은 하고 싶은 것이다. 강한 왕이 전제적 통치를 하고자 하는 나라에서 《맹자》는 환영받을 수 없는 책이다. 민본을 말하며 백성을 가르칠 것을 끊임없이 주장하는 것이 맹자인데, 주지하다시피 배우면 생각하고 생각하면 내 의견을 갖게 되고 내 의견을 가지면 주장하게 되기 때문이다.

한문을 시작하고 《맹자》를 읽고 공부해 갈수록 민주주의를 향한 대한민국의 유난한 열망에는 맹자의 지분이 상당하다는 것을 새삼 깨닫는다. 당연한 것이겠지만 500년을 이어 온 역사적 의식과 경험은 이 땅에서 나고 자라는 사람들 안에 면면히 흘러 오늘을 살아가는 우리의 생각과 행동에도 깊은 영향을 미친다. 특히 우리는 민주주의를 외치면서도 서양과 달리 개인 중심이 아닌 '우리'를 말하는 특수성을 가졌다. 이 역시 언제나 나와 우리를 동시에 생각하도록 가르친 유학의 가르침이 우리 안에 있기 때문이 아닌가 생각한다.

자본주의가 노골적으로 자기 자신만 위해도 살아남기 힘든 세상이라고 말하는 시대를 살아가고 있다. 특히 스마트폰이 생활 전반을 지배하면서 혼밥, 혼술 같은 혼자족들이 트렌드인 양 등장하고 있다. 혼자는 조금 외롭지만 당장은 편할 수 있다. 그러나 인간은 공동체를 떠나서는 살 수 없다. 인간이 개인은 약하지만 만물의 영장으로 지배종의 위치에 설 수 있었던 이유는 공동체를 이루어 서로의 부족함을 요철처럼 채우고 기록물을 남겨 교육으로 과거의 잘못을 극복해 왔기 때문이다. 그래서 관계 맺는 방법을 잊거나 잃어버리는 것은 위험하다. '나'가 아닌 '우리'가 되어 거대한 불의와 맞서야 할 때가 반드시 있기 때문이다.

자본주의의 만연과 코로나의 습격으로 우리 사회는 이제 완전히 이기적인 개인으로 조각났다는 생각이 널리 퍼졌다. 역사의 위대한 인물들과 의병, 독립운동, IMF 때 금 모으기, 태안의 삼성 유조선 원유 유출 사건 때 기름 닦기 등 '우리'가 이룬 기적을 말하며 감동적이긴 하지만 이제 더 이상 나라에 위기가 닥쳐도 이렇게 개인이 공동체를 위해, 옳음을 위해 자신을 희생하는 일은 없을 것이라고들 말했다. 하지만 2025년 12월 3일 갑작스레 대통령이 계엄을 선포하고 나라가 한 치 앞도 알 수 없는 내란 정국으로 치달았을 때 대한민국 국민은 다시 '우리'가 되었다. 계엄이 선포되던 밤, 평범한 시민들이 여의도로 달려 나가 맨몸으로 장갑차를 막아섰고, 국회를 지키기 위해 국회를 둘러싸고 며칠 밤을 버텼는지 모른다. 응원봉을 들고 환하게 빛을 밝히며 대통령 탄핵을 외쳤고, 흰 눈이 온 세상을 뒤덮던 밤 은박담요를 둘러쓰고 추위를 견디며 정의를 지키고 나라를 지키고 우리를 지키기 위해 거리에서 날을 지새웠다. 그리고 내란 우두머리를 기어이 권좌에서 끌어내려 탄핵했고, 새 정부를 탄생시켰으며, 지금은 그 내란에 대한 특검을 지켜보고 있다. 맹자에 이런 말이 있다.

"하늘이 이 사람들에게 앞으로 큰 임무를 주려고 하면 먼저 그 심지를 고달프게 하고, 육체를 괴롭히며, 굶주림을 겪게 하고, 가난을 견디게 하며, 시도하는 일마다 다 안 되고 어그러지는 사태를 경험하게 합니다. 이건 마음을 분발시키고 참을성을 길러 그가 해내지 못한 것을 더 많이 더 잘할 수 있게 하기 위해서입니다."

天將降大任於是人也, 必先苦其心志, 勞其筋骨, 餓其體膚, 空乏其身, 行拂亂其所爲. 所以動心忍性, 曾益其所不能. 고자 하

본문의 이 사람들이란 높이 등용되어 세상을 크게 이롭게 한 인물들인데, 이들은 모두 그 자리에 오르기 직전까

지 한없이 힘든 상황에 놓였던 공통점이 있다. 맹자는 하늘이 이들에게 큰 임무를 맡기기 위해 먼저 고통을 경험하게 해서 그 부족한 부분을 메우고 장점과 인성을 더욱 크게 확장해 가까스로 해낼까 말까 했던 일도 너끈히 해낼 수 있는 그릇으로 기어이 빚어냈다고 말하고 있다. 사람이 넉넉하고 좋은 상황에서는 잘 성장할 것 같지만 그렇지 않다. 오히려 시련과 고난에 놓여야 그 상황을 타개하기 위해 죽을힘을 다해 모든 지혜를 짜낸다. 그 몸부림 속에서 비로소 자신의 한계를 극복하는 것이다. 걱정과 근심이 사람을 살게 하고, 안일과 즐거움이 사람을 죽게 한다는 맹자의 우환(憂患) 사상이다. 그는 사람도 그렇지만 공동체와 나라의 운명도 마찬가지라 말했다. 조선에서 대한민국으로 이어져 오늘에 이른 모습이 정말 이 말과 같지 않은가. 조선시대부터 있었던 불의에 대한 문제 제기와 저항은 민중 봉기로 이어졌고, 3.1운동 정신은 독립운동으로, 4.19로, 광주민주화운동으로, 다시 광우병 촛불집회로, 국정 농단 탄핵 집회로 그리고 오늘 빛의혁명으로 이어졌다. 작은 그림에서는 시민이, 국민이 패배하는 것 같았지만 '우리'는 한 번도 불의를 수긍하지 않았고, 매번 다시 일어섰다. 그렇게 그릇을 넓히고 그렇게 기어이 성장했다. 우리는 늘 인(仁)의 마음으로 함께 손을 잡고 거리를 사랑의 온기로 데우며 결국 우리 손으로 의(義)를 쟁취했다.

다시 어떤 위기가 닥칠지 모른다. 불의에 개인적으로 혹은 조직적으로 저항하며 나아갈 때 우리는 끊임없이 인간의 악함에 탄식하게 되는 순간을 만날 것이다. "아직도 세상은 여전히 이런 것이냐!" 혐오와 환멸을 느끼고 그에 따른 절망으로 고통스러워할 것이다. 하지만 그 순간, 부디 전쟁의 시대에 인간의 선함을 믿고 외쳤던 맹자를 떠올릴 수 있기를 바란다. 인간의 본성은 선하다고, 우리 안에 이미 내재해 있는 인의예지의 가능성을 끌어올리려 노력하기만 한다면 우리는 얼마든지 다시 선해질 수 있다고, 원래 민둥산이었던 산은 없다고 외치던 맹자를 기억할 수 있기를 바란다.

인간으로 태어나 인간다운 삶을, 인간다운 세상을 꿈꾸기에 《맹자》는 언제 읽어도 아름답다. 역사의 모든 순간을 살펴보면 그래도 결국 인간이 희망이지 않던가? 세계가 K-민주주의에 놀랍고 흥미로운 시선으로 집중하고 있는 지금 우리 사회에 가장 필요한 것은 대한민국의 기술과 자원이 나아갈 방향, 내일을 열어 갈 가치, 즉 철학일 것이다. 대한민국은 한 번도 세계에 철학을 제시하는 선진국의 자리에 서 보지 않았다. 하지만 다행스럽게도 우리는 놀랍도록 거대한 정신적 유산을 가지고 있다. 인간의 가능성을 말하고, 그 가능성을 사랑과 정의로 이끌어 내고 확장해 갈 것을 말한 유학을, 그중에서도 맹자의 철학을 가지고 있는 것이다. 조선의 맹자는 조선만의 철학으로 거듭나 우리 의식 안에 살아 있다. 이제 오늘에 맞게 이 풍성한 정신적 유산을 되살리고 확장해 개인도 공동체도 절망보다는 서로를 믿고 북돋워 주는 희망의 빛을 밝힐 수 있길 기대해 본다. 그 빛은 우리에게 우리 시대의 새로운 인간의 무늬, 즉 인문(人文)을 찬란하고 아름답게 가꾸어 갈 힘을 선물해 줄 것이다.

지금 우리에게, 맹자
-혼돈의 시대를 건너는 단단한 마음

초판 1쇄	2025년 9월 20일
글쓴이	임자헌
펴낸곳	도서출판 단비
펴낸이	김준연
편집	이혜숙
디자인	김선미
출판등록	2003년 3월 24일(제2012-000149호)
주소	경기도 고양시 일산서구 고양대로 724-17, 304동 2503호 (일산동, 산들마을)
전화	02-322-0268
팩스	02-322-0271
전자우편	rainwelcome@hanmail.net

ⓒ임자헌, 2025

ISBN 979-11-6350-150-3 03150
책값 13,000원

※이 책의 내용 일부를 재사용하려면 반드시 저작권자와
  도서출판 단비의 동의를 받아야 합니다.